新媒体直播运营

主　编　丁楠娟　江　丽
副主编　李灵杰　崔　萍
主　审　张剑渝　刘　勇

北京理工大学出版社
BEIJING INSTITUTE OF TECHNOLOGY PRESS

内 容 提 要

本书紧紧围绕高素质技术技能人才培养目标，对接电子商务专业教学标准和"1+X"职业能力评价标准，选择项目案例，结合生产实际中需要解决的电商直播应用与创新的基础性问题，以工作过程为导向、项目为纽带、任务为载体，进行教材内容模块化处理。本书共分为课程认知、直播认知、产品手卡制作、直播间的打造、直播流程及模拟、实战六大模块，结合淘宝平台操作展开，实战以不同平台直播运营完整项目的练习实现。同时基于互联网，融合现代信息技术，配套开发了丰富的数字化资源，并针对理论知识储备较多的部分制作了二维码，学生扫描二维码可查看有关知识点的详细解读。

本书内容由浅入深，符合职业技能习得规律，可作为高等院校电子商务专业学生教材，也可作为有直播运营工作意愿人士的指导用书，还可供电子商务相关工作人员参考。

图书在版编目（CIP）数据

新媒体直播运营 / 丁楠娟，江丽主编.--北京：
北京理工大学出版社，2023.6
ISBN 978-7-5763-2513-3

Ⅰ.①新…　Ⅱ.①丁…②江…　Ⅲ.①网络营销
Ⅳ.①F713.365.2

中国国家版本馆CIP数据核字（2023）第112255号

出版发行 / 北京理工大学出版社有限责任公司		
社　　址 / 北京市丰台区四合庄路6号院		
邮　　编 / 100070		
电　　话 / （010）68914775（总编室）		
（010）82562903（教材售后服务热线）		
（010）68944723（其他图书服务热线）		
网　　址 / http://www.bitpress.com.cn		
经　　销 / 全国各地新华书店		
印　　刷 / 河北鑫彩博图印刷有限公司		
开　　本 / 787毫米×1092毫米　1/16		
印　　张 / 12.5		责任编辑 / 时京京
字　　数 / 273千字		文案编辑 / 时京京
版　　次 / 2023年6月第1版　2023年6月第1次印刷		责任校对 / 刘亚男
定　　价 / 89.00元		责任印制 / 王美丽

PREFACE 前言

　　"新媒体直播运营"课程是高等院校电子商务专业的一门核心课程。为建设好该课程，编者认真研究专业教学标准和"1+X"职业能力评价标准，开展广泛调研，联合国研中科（浙江）数字科技发展有限公司组建了校企合作的结构化课程开发团队，共同制定了新媒体直播运营专业人才培养质量标准要求。本书以生产企业实际项目案例为载体，任务驱动、工作过程为导向，进行课程内容模块化处理，以"项目＋任务"的方式，开发工作页式的任务工作单，注重课程之间的有机衔接，理论与实践的相互融通，形成了多元多维、全时全程的评价体系，融合现代信息技术，配套开发了丰富的数字化资源，编写成了活页式教材。本书弥补了国内"新媒体直播运营"类教材流于传统形式、脱离行业和职业发展实际、缺乏高职特色等不足。

　　党的二十大报告指出："育人的根本在于立德。"本书以学生为中心，以立德树人为根本，强调知识、能力、素养目标并重，提供了有效的新媒体直播运营的训练方法。相关知识链接简明扼要地介绍了工单背景知识，符合学情深度。工作页式工单清晰呈现了完成任务的操作技巧和操作流程，引导学生自主学习，践行学生角色革命，成为以改革学习者为中心的有效途径。在编写中编者强化了项目导学、自主探学、合作研学、展示赏学、评价反馈，完成了课程、学生角色、教师角色、评价等多角度全面改革。

　　本书实施"双主编""双主审"制，教材模块内容由企业和学校人员联合编写。本书由丁楠娟、江丽担任主编。本书编写过程中参考了许多教材和有关论著，吸收了许多专家同仁的观点和论据，此处不一一注明。在此，特向本书中引用和参考的已注明与未注明的教材、专著、报刊、文章的编著者表示诚挚的谢意。

　　由于本书涉及内容广泛，编者水平有限，难免存在待商榷之处，敬请读者批评指正。

编　者

目 录 CONTENTS

模块 1　课程认知 // 001

项目 1　课程导入 // 001

任务 1.1　课程性质及定位理解 // 001

任务 1.2　衔接和融通关系分析 // 006

模块 2　直播认知 // 010

项目 2　直播专业知识认知 // 010

任务 2.1　行业前景探究 // 010

任务 2.2　直播基础知识认知 // 014

任务 2.3　直播团队建设 // 018

项目 3　直播行业准则认知 // 023

任务 3.1　电子商务法律法规学习 // 023

任务 3.2　直播法律法规学习 // 028

项目 4　平台规则认知 // 033

任务 4.1　淘宝直播平台规则学习 // 033

任务 4.2　其他平台了解 // 037

模块 3　产品手卡制作 // 043

项目 5　卖点挖掘 // 043

任务 5.1　竞品分析 // 043

任务 5.2　消费者画像分析 // 051

任务 5.3　FABE 法则学习 // 058

项目 6　选品及排品确定 // 065

任务 6.1　主题模式和人设选择 // 065

任务 6.2　直播产品和产品定位确定 // 069

任务 6.3　提报表单制作 // 074

项目 7　营销话术及促销活动确定 // 084

任务 7.1　直播流程设计 // 084

任务 7.2　手卡制作 // 092

模块 4　直播间的打造 // 098

项目 8　布景设计及设备选择 // 098

任务 8.1　布光策略设计 // 098

任务 8.2　直播间视觉风格定位 // 105

任务 8.3　设备认识和平台测试 // 112

项目 9　运营视觉设计 // 120

任务 9.1　直播预告文案写作 // 120

任务 9.2　直播预告平面广告设计 // 126

任务 9.3　直播封面设计 // 134

模块 5　直播流程及模拟 // 141

项目 10　直播流程及模拟 // 141

任务 10.1　热场环节模拟 // 141

任务 10.2　带货环节模拟 // 146

任务 10.3　直播复盘及优化 // 152

模块 6　实战 // 159

项目 11　实战——小红书直播 // 159

任务 11.1　小红书直播 // 159

任务 11.2　小红书直播复盘及优化 // 166

项目 12　实战——淘宝直播 // 171

任务 12.1　淘宝直播 // 171

任务 12.2　淘宝直播复盘及优化 // 178

项目 13　实战——抖音直播 // 185

任务 13.1　抖音直播 // 185

任务 13.2　抖音直播复盘及优化 // 189

参考文献 // 194

模块 **1** 课程认知

项目 1　课程导入

任务 1.1　课程性质及定位理解

1.1.1　任务描述

扫描二维码观看以下直播间节选视频（耳朵直播间 15 分钟），完成直播需要的知识储备及完成其他任务清单。

视频：直播间节选视频（耳朵直播间 15 分钟）

1.1.2　学习目标

1. 知识目标

（1）掌握课程的性质。

（2）掌握本课程在人才培养中的定位。

2. 能力目标

（1）能够理解直播电商的内涵。

（2）能够理解本课程在专业人才培养中的定位。

3. 素养目标

（1）培养学生勤于思考、分析问题的意识。

（2）培养学生的互联网思维。

1.1.3　重点难点

（1）重点：课程的性质；本课程在人才培养中的定位。

（2）难点：直播电商的内涵；本课程在专业人才培养中的定位。

1.1.4　相关知识链接

电子商务专业主要面向的是网络营销、店铺基础运营、客户关系管理、运营助理等岗位，培养高素质技术技能型人才。

随着互联网的发展，对电商服务的要求越来越高，一方面电商行业发展迅速；另一方面由于人们对消费环境的要求日趋提高，并大力提倡乡村振兴、电商助农等，因此，对新媒体运营提出了更高的要求。为适应这一新的趋势，必须紧跟当今社会的互联网发展水平，做好直播运营工作。

网络直播是基于互联网平台，将现场直播以视讯方式上传，以供用户进入网络观看的传播形式。凭借互联网传播快速、内容直观、无地域限制、交互性强等特点，网络直播带来的推广效果较传统的传播方式明显增强。

1. 网络直播的特点

2019 年，我国在线直播用户突破 5 亿人。从当前形势来看，互联网直播产业呈现出的特点如图 1-1 所示。

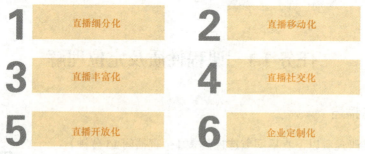

图 1-1　网络直播的六个特点

（1）直播细分化：细分化是指随着直播的进一步发展，直播平台想要脱颖而出，涵盖范围将不再是多数平台的追求，专门化必将成为趋势。直播平台需要为传播有益的技能和信息服务，成为一个具有优势的交流平台。如果一个直播平台除能给用户带来欢乐外，还能分享专业知识和技能，那么它的存在价值会逐渐提升。由于直播不再是单纯的娱乐，因此，细分化将成为直播行业发展的一大突出特点。

（2）直播移动化：移动互联网时代，无论是通信技术、网民规模，还是智能硬件等方面，都已具备了支撑移动直播的坚实基础，从而使移动直播成为网络直播领域的超级风口。移动化是指随着技术越来越成熟及智能手机的不断普及，人们越来越依赖手机，而手机移动端的各种直播也成为更多用户的选择。从 2015 年开始，国内移动直播产业全面爆发，大量资本不断涌入，移动直播内容也跳出了最初的秀场直播模式和游戏直播模式，向着泛娱乐化和泛生活化的垂直细分领域拓展延伸。

（3）直播丰富化：随着直播的发展，优质内容成为直播的核心竞争力。随着直播门槛的降低，出现了一批利用夸张的方式吸引人注意力的主播。但是，这些内容只能暂时博人一笑，没有竞争力，存在时间极短。在当下"内容为王"的发展时代，人们对于娱乐内容的要求也不断严格，所以要想长久发展，必须有优质内容作为支撑，这也是每个直播平台的核心竞争力。

（4）直播社交化：在碎片化社交时代，文字和图片所能传达的信息范围与内容深度都比较有限，越来越无法满足用户的深度社交需求。而视频直播的互动性、及时性、灵活性、真实性等特点能够充分满足用户的深度社交需求，成为社交媒介提升平台活跃度、吸引和存留用户的有效方式。国内大多数成功的直播平台都离不开社交媒体的有力支持，因此，社交化将成为直播的重要发展趋势。而随着视频直播与社交的深度融合，视频社交也将逐渐颠覆当前主流的文字和图片社交形态。

（5）直播开放化：从早期的文字、图片、博客、BBS（论坛），到后来的秀场直播模式和游戏直播模式，再到移动互联网时代的"人人可直播"模式，网红都以其巨大的粉丝效应受到各方追捧，成为各个平台吸引和留住用户的"利器"，也自然成为视频直播平台争抢的重要资源。从直播平台来看，过于依赖演员、网红的发展模式显然弱化了平台本身的价值，也不利于直播产业的良性、长远发展。因此，直播平台应该从封闭性、单一性走向开放性、综合性，通过开放性的平台生态纳入更多基础场景，将自身打造成"大而全"的综合性直播平台，从而摆脱主要依靠平台、网红进行引流的状况。

（6）企业定制化：对于一些大企业来讲，定制专属的直播平台的费用并不比运营平台的成本高，而且定制专属的直播平台更有利于企业自身的营销，尤其是财经类等需要用户高黏度的行业，定制专属的直播平台可以满足用户多方面的需求。

2. 直播行业发展现状

（1）国家政策支持为其快速发展提供了有利契机。近年来，针对直播带货行业的各项政策接连出台，提升了直播带货的门槛，直播电商行业监管政策趋于严格。所以直播行业相对的模糊空间将会减小，规范性将会增强，直播电商行业将在健康的氛围下实现更快的发展。

（2）网上零售额持续增长进而刺激行业进步。2021年1—10月，全国网上零售额为10万亿元，同比增长17.4%。其中，实物商品网上零售额为84 979亿元，同比增长14.6%，占社会消费品零售总额的比重为23.7%。中国网上零售额持续增长表明中国电商行业发展具有良好的态势。作为电商行业创新的商业模式——直播电商，也将会受益于体量庞大的电商市场。

（3）互联网科技技术的持续进步推动行业发展。随着互联网科技技术的发展，特别是随着5G、移动支付、智能手机等基础条件的成熟，我国各行业才能乘着直播的东风带动销售的发展。在线支付的便利性及安全性有助于提高用户体验物流网络；发达的物流网络不仅是直播电商不断开拓下沉市场的基础，同时，也是考核售后服务满意度的一个重要指标；5G网络的大力发展进一步推动电商直播行业的大力发展。

1.1.5 任务分组

表1-1 学生任务
分配表

1.1.6 自主探究

任务工作单 1–1

组号：_____ 姓名：_____ 学号：_____ 检索号：_____

引导问题 1：谈谈你对新媒体直播运营课程的认识。

　　引导问题 2：学好本课程对以后的工作有什么支撑作用？

　　引导问题 3：简述如何做到规范直播。

任务工作单 1–2

组号：_____ 姓名：_____ 学号：_____ 检索号：_____

引导问题 1：完成直播带货，应具备哪些方面的知识储备？

引导问题 2：完成直播带货，应该做好哪些准备工作？

1.1.7　合作研学

任务工作单 1–3

组号：_____　姓名：_____　学号：_____　检索号：_____

引导问题：小组讨论，教师参与，确定任务工作单 1–1、任务工作单 1–2 的最优答案，并检讨自己存在的不足。

1.1.8　展示赏学

任务工作单 1–4

组号：_____　姓名：_____　学号：_____　检索号：_____

引导问题：每组推荐一个小组长，进行汇报。根据汇报情况，再次评价自己的不足。

1.1.9　评价反馈

| 任务工作单 1-5 个人自评表 | 任务工作单 1-6 任务完成情况 评价表 | 拓展阅读：中国电 子商务报告 2020 | 拓展阅读：第 49 次 中国互联网络发展 状况统计报告 |

任务 1.2　衔接和融通关系分析

1.2.1　任务描述

理解本课程与已学习的前序课程、平行课程的知识、能力的衔接和融通关系，以及对后续课程的支撑作用及衔接和融通关系，并完成任务清单。

1.2.2　学习目标

1. 知识目标
（1）掌握本课程与前序课程的衔接和融通关系。
（2）掌握本课程与平行课程的衔接和融通关系。

2. 能力目标
（1）能够理解本课程与其他课程的衔接和融通关系。
（2）能够理解本课程对后续课程的支撑作用。

3. 素养目标
（1）培养学生的辩证分析能力。
（2）培养学生的互联网思维。

1.2.3　重点难点

（1）重点：本课程与其他课程的衔接和融通关系。
（2）难点：本课程对后续课程的支撑作用。

1.2.4　相关知识链接

"新媒体直播运营"课程是电子商务专业的一门主干专业课程，是学生在学习完消费行为实务、网络营销、网店运营与管理、网页设计等主干专业课程的基础上，进行综合应用的一门课程。本课程与其他各课程之间衔接紧密，是培养学生直播能力的主要课程。

在"消费行为实务"课程中，讲到了消费者心理、消费者行为的动机、消费者行为特点等知识，这些内容与"新媒体直播运营"课程关联性极大。新媒体直播运营的主要内容之一就是分析直播平台的消费人群，对消费者进行用户画像，因此，"消费行为实务"课程的知识点掌握得好与坏，直接影响"新媒体直播运营"课程的学习。

"网络营销"课程主要讲授网络营销的手段、平台及方法。这些内容与"新媒体直播运营"课程的关联性极大，因为新媒体直播运营主要反映如何将营销活动通过直播的形式展示出来，其中包含网络平台营销手段的综合运用。由此可见，"网络营销"课程的知识点掌握得好与坏，也直接影响"新媒体直播运营"课程的学习。

"网店运营与管理"课程主要讲授的是电子商务平台的运营逻辑和手段等，通过该课程的学习，学生能够根据实际情况，合理选择电商平台运营店铺。因此，这些内容也是为直播做准备，有了平台的店铺才能进行直播实战，可以说该课程与"新媒体直播运营"课程的衔接和相互关联性强。

"网页设计"课程主要是运用图片处理软件进行电商设计，既包括主图、详情页的设计，也包括营销海报的设计等。通过该课程的学习，学生能够将产品卖点和营销信息进行图片化呈现，实现视觉营销的效果，在直播过程中这些内容将在直播背景设计、宣传海报设计及直播封面的设计中进行综合应用。所以，"网页设计"课程与"新媒体直播运营"课程的衔接关联性较强。

"新媒体直播运营"课程就是把前面各主要课程的知识点综合应用，进行带货直播。所以，本课程是电子商务专业重要的主干专业课程，只有学好本课程才能保证专业培养目标的实现。

"新媒体直播运营"课程学习完成后，根据专业人才培养总体要求，后续将连接顶岗实习，直接面临选择工作岗位，工作内容将与课程紧密联系，对后续工作提供了支撑作用。

由于本课程对理论与实践要求都很高，因此必须强化理论与实践的有机结合，要充分利用行业、企业优势，大力推行"校企合作、工学结合"的教学模式，做到理论与实践并重，强化应用能力的培养。

1．教师教学方法

（1）采取任务驱动的教学模式。

（2）完善实践教学资源，开发多种教学手段。

（3）引入企业典型案例，理论联系实际开展教学。

（4）要充分利用工作页式的任务工作单，推进教师角色转换革命，调动学生的积极性；改进课堂的环境，推动学生的自主学习、合作探究式学习。

2．学生学习方法

（1）要充分了解本课程的重要性。

（2）要重视本课程，端正学习态度；有自主学习的能动性、积极合作探究的精神。

（3）要善于收集信息，并对信息进行辩证的分析和处理，拓展相关知识面。

（4）要主动融入课堂教学，认真模拟直播全过程。

（5）要深入校内直播实训基地，全面了解直播过程，切实了解各类直播相关工作岗位及其在直播中的任务分工。

1.2.5　任务分组

表 1-2　学生任务
分配表

1.2.6　自主探究

任务工作单 1-7

组号：_____　姓名：_____　学号：_____　检索号：_____

引导问题 1： 前序相关课程有哪些？分别阐述与本课程的衔接和融通关系。

```

```

引导问题 2： 你了解相关的平行课程有哪些？它们与本课程有什么关联性？

```

```

任务工作单 1-8

组号：_____　姓名：_____　学号：_____　检索号：_____

引导问题： 你是否了解本课程相关的后续课程？其对后续课程的支撑作用有哪些？

```

```

1.2.7　合作研学

任务工作单 1–9

组号：_____　　姓名：_____　　学号：_____　　检索号：_____

引导问题：小组讨论，教师参与，确定任务工作单 1–7、任务工作单 1–8 的最优答案，并检讨自己的不足。

1.2.8　展示赏学

任务工作单 1–10

组号：_____　　姓名：_____　　学号：_____　　检索号：_____

引导问题：每组推荐一个小组长，进行汇报。根据汇报情况，再次评价自己的不足。

1.2.9　评价反馈

任务工作单 1–11
个人自评表

任务工作单 1–12
任务完成情况
评价表

拓展阅读：《2020
年中国直播电商
数据报告（节选）》

拓展阅读：了解
直播带货的相关
术语

模块 2 直播认知

项目 2　直播专业知识认知

任务 2.1　行业前景探究

2.1.1　任务描述

查阅相关资料，简述直播行业发展趋势，说出我国直播带货的现状，并分析直播行业的前景，判断直播的优点、缺点，并完成任务清单。

2.1.2　学习目标

1．知识目标
（1）了解直播行业发展趋势。
（2）了解我国直播带货现状。

2．能力目标
（1）能够通过查阅资料判断直播行业的前景。
（2）能够区分不同直播的优点、缺点。

3．素养目标
（1）培养学生的互联网思维。
（2）培养学生的辩证思维。

2.1.3　重点难点

（1）重点：直播行业发展趋势；我国直播带货现状。
（2）难点：判断直播行业的前景；不同直播的优点、缺点。

2.1.4　相关知识链接

传统电商与直播电商的模式不同，可以从以下角度展开对比。

1．商品与用户的关系
传统电商是基于搜索而运营的电商模式，属于消费模式的拓展，主要还是"人找货",当用户需要购买商品时打开电商平台进行搜索，从而形成订单。而直播电商更加看重供应链的质量，只要店铺足够好，展现形式足够吸引人，就可以实现"货找人"，找到对应的用户。

2. 消费路径

传统电商搭建了用户与商品之间的交易平台，卖家将商品上架到平台上，终端用户可以直接下单；而直播电商通过主播作为媒介，向用户介绍商品，从而在电商平台形成订单。

3. 供应链环节

传统电商的商品流程环节较多，流程成本比较高，平台与平台之间存在信息壁垒；而直播电商实现了主播和MCN机构与供应链直接对接，减少了中间环节，降低了商品的流通成本，而头部主播和大型MCN机构也有较强的议价能力，能为用户提供优惠力度较大的商品。

4. 用户消费方式

传统电商是用户主动搜索商品，而直播电商是主播向用户推荐商品。

5. 用户消费需求

传统电商是用户先对商品有需求后，通过购买商品满足需求；而直播电商是用户对某种商品存在刚性需求，也可能不存在刚性需求的情况下，由主播通过直播的方式，将商品的卖点输出给用户，增加商品的使用场景，从而调动用户的内在需求，促成购买。

表2-1是传统电商模式和与直播电商模式的另外六个对比角度，仅供参考。

表2-1 传统电商模式与直播电商模式的对比

对比内容	传统电商模式	直播电商模式
营销用户做出消费决策的因素	商品的价格、质量、品牌等	商品的价格、质量、品牌；主播的营销话术的刺激
消费体验反馈	用户连接，缺少情感联系	主播连接，可以与用户进行互动，建立情绪连接
商品呈现形式	依靠图片、文字、短视频等形式展示商品，但图片、文字和短视频与实物可能存在一定的差距。另外，对于一些功能较为复杂的商品，图片、文字和短视频未必能将商品的功能、使用方法解释清楚	通过实时视频全方位地展示商品，使用户直观地了解商品的外观；通过主播的讲解，使用户详细地了解商品的性能
社交属性	社交属性弱，商家主要通过商品详情页向用户展示商品信息。另外，用户通常只能通过商品评论或客服两个渠道进行商品信息交流	社交属性强，主播和用户可以进行双向互动，主播为用户全方位地讲解商品，用户也可以实时地向主播提出问题，主播当场为其解答；用户与用户之间也可以进行在线交流，信息反馈及时

对比内容	传统电商模式	直播电商模式
用户购物体验	用户根据自身的主观判断，自主选择商品	用户可以通过在评论区留言、参与直播间抢红包等方式参与到直播中，在购物过程中获得更多的参与感和互动感
交易花费的时间成本	由于商家和用户的信息不对称，用户在购买商品之前需要花费较多的时间去收集商品信息，并对信息进行评判，然后才能做出购买决策，在交易过程中用户花费的时间成本较高	主播具备较强的选品能力，进入直播间的商品都是经过主播严格筛选的，用户无须再花费时间去从多个品牌中筛选适合自己的商品。主播专业的选品能力和商品讲解能力能够帮助用户降低购物决策的时间成本

2.1.5　任务分组

表 2-2　学生任务分配表

2.1.6　自主探究

任务工作单 2-1

组号：_____　姓名：_____　学号：_____　检索号：_____

引导问题 1：查阅相关资料，简述直播行业发展趋势。

引导问题 2：查阅相关资料，简述我国直播带货的平台有哪些，现状如何？

任务工作单 2-2

组号：_____ 姓名：_____ 学号：_____ 检索号：_____

　引导问题 1：查阅相关资料，简述直播行业的前景。

[   ]

　引导问题 2：查阅相关资料，简述不同直播的优点、缺点。

[   ]

2.1.7　合作研学

任务工作单 2-3

组号：_____ 姓名：_____ 学号：_____ 检索号：_____

　引导问题：小组讨论，教师参与，确定任务工作单 2-1、任务工作单 2-2 的最优答案，并检讨自己的不足。

[   ]

2.1.8 展示赏学

任务工作单 2-4

组号：_____ 姓名：_____ 学号：_____ 检索号：_____

引导问题：每组推荐一个小组长，进行汇报。根据汇报情况，再次评价自己的不足。

2.1.9 评价反馈

任务工作单 2-5
个人自评表

任务工作单 2-6
任务完成情况评价表

任务 2.2 直播基础知识认知

2.2.1 任务描述

查阅相关资料，能说出直播的定义，可以将直播进行分类与分析，能阐述不同直播类型的特点，知道直播相关术语的含义并完成任务清单。

2.2.2 学习目标

1. 知识目标

（1）掌握直播的定义、特征及优势。

（2）掌握直播的分类。

2. 能力目标

（1）能够判断不同直播类型的差异性。

（2）能够判断带货直播的价值。

3. 素养目标

（1）培养学生的思辨思维。

（2）培养学生的归纳总结习惯。

2.2.3　重点难点

（1）重点：直播的定义、特征及优势；直播的分类。

（2）难点：不同直播类型的差异性；带货直播的价值。

2.2.4　相关知识链接

按照直播的形态或直播的目的，现在的主播主要可分为电商主播、网络达人主播、商家员工主播等。其中，电商主播最早是由平台培育的；网络达人主播通过在各类平台进行内容创作，从而积累粉丝，再踏入直播领域；商家员工主播主要是电商的客服人员或工作人员，在店铺或生产企业进行直播。

1. 主播类型

按照人设定位，常见的主播类型见表2-3。

表 2-3　主播类型

主播类型	特征	优点	缺点
名人	大部分将直播带货作为副业，通常会涉足淘宝网、抖音、快手等多个直播平台	自带流量，具有一定的影响力；直播带货的同时还可以为商品进行推广，提高商品的知名度	通常对商品缺乏详细的了解，缺乏专业的直播技能；商品的转化率不稳定
企业家	在商业领域具有一定的知名度，是商业领域中某个行业比较成功的人士，通常是某企业/品牌的创始者、管理者	自带流量，具有一定的知名度，容易让人信服；对商品比较了解	缺乏镜头感和专业的直播技能，直播时最好配置副播
专家	某个领域或行业的专业人士，如服装设计师、化妆师等	掌握某个领域或行业的专业知识，在直播中销售与其专业领域相关的商品，更具有说服力和影响力	缺乏镜头感和专业的直播技能，直播时最好配置副播
主持人	专业的主持人，如新闻主持人	具有镜头感，掌握专业的播音技巧	通常对商品缺乏详细的了解，缺乏专业的直播技能

2. 常见的直播术语

（1）控评：又称"空瓶"，是指控制直播间评论区画风。一般主播会提前设置，屏蔽一些负面关键词，引导直播间的良性互动氛围。

（2）带节奏：与控评类似，直播运营会在直播间评论区带节奏，起到带头作用，引导其他用户购买商品。

（3）坑位费：直播间商品的固定链接费用。目前，大多数电商主播都会向商家收取坑位费。一般即便是同一电商主播的同场直播，商品坑位费也会不同，坑位费的变量包括商品品类和商品直播顺序。

（4）服务费：商家给直播机构的服务费用，一般根据直播间销售额的一定比例收取。

（5）佣金：电商主播按照直播间商品销量，向商家收取一定比例的佣金，可以理解为销售提成。

（6）纯佣模式：电商主播不向商家收取坑位费，只收取佣金。

（7）定向佣金：在淘宝联盟里，商家可以只针对单个主播的 pid（pid 是指对应每个账户的代码，用于识别不同的淘宝客），设置佣金比例。

（8）专属利益点：只属于该主播的独家赠品、商品价格等。

（9）推流：主播将本地视频源和音频源传输到服务器的过程。

（10）助播：又称副播，在直播间配合电商主播的助理，负责补充商品的信息点、回答用户提出的问题等。

（11）GMV：英语 Gross Merchandise Volume 的缩写，是指商品交易总额。

（12）客单价：平均每个用户的成交额，其计算方法：客单价 =GMV/ 直播间有消费的用户总数。

（13）ROI：英语 Return on Investment 的缩写，是指投资回报率。直播间 ROI 的计算方法：ROI= 销售额 / 坑位费。例如，坑位费为 2 万元，ROI 保应为 2：1，也就是商品销售额保 4 万元。

（14）渗透率：有的商家会比较在乎直播间渗透率，其计算方法：直播间渗透率 = 直播产出的销售额 / 当天总销售额。

（15）在线人数：同一时间点，观看直播间的用户人数。

（16）直播间 PV：直播间访问次数。

（17）直播间 UV：直播间访问人数。

（18）直播间人均在线时长：用户在直播间平均停留的时长。

（19）刷单：又称补单，是指通过人工或软件下单，提高直播间销售量。

2.2.5 任务分组

表 2-4 学生任务
分配表

2.2.6 自主探究

任务工作单 2-7

组号：_____ 姓名：_____ 学号：_____ 检索号：_____

引导问题 1：查阅相关资料，阐述直播的定义。

引导问题 2：请将直播分类，并完成表 2-5 的填写。

表 2-5　直播分类

直播类型	特点	主播人设	粉丝群体

任务工作单 2-8

组号：_____　姓名：_____　学号：_____　检索号：_____

引导问题 1：任意选择两种直播，分别阐述其特点。

引导问题 2：简述直播相关术语的含义。

2.2.7　合作研学

任务工作单 2-9

组号：_____　姓名：_____　学号：_____　检索号：_____

引导问题：小组讨论，教师参与，确定任务工作单 2-7、任务工作单 2-8 的最优答案，并检讨自己存在的不足。

2.2.8　展示赏学

任务工作单 2-10

组号：_____　姓名：_____　学号：_____　检索号：_____

引导问题：每组推荐一个小组长，进行汇报。根据汇报情况，再次评价自己的不足。

2.2.9　评价反馈

任务工作单 2-11　　　　任务工作单 2-12
个人自评表　　　　　　任务完成情况
　　　　　　　　　　　　评价表

任务 2.3　直播团队建设

2.3.1　任务描述

查阅相关资料，组建直播团队并完成电商直播任务分工表（表2-6）的填写。

表2-6　电商直播任务分工表

岗位名称	工作内容	负责人	分工依据

2.3.2　学习目标

1. 知识目标

（1）掌握直播团队的工作岗位。
（2）掌握直播相关工作岗位的工作内容。

2. 能力目标

（1）能够结合工作内容组建直播团队。

（2）能够完成直播团队内的工作分工。

3. 素养目标

（1）培养学生的团队意识。

（2）培养学生的统筹规划思维。

2.3.3 重点难点

（1）重点：直播团队的工作岗位；直播相关工作岗位的工作内容。

（2）难点：结合工作内容组建直播团队；完成直播团队内的工作分工。

2.3.4 相关知识链接

通常，一个完整的直播团队由 5～6 个运营人员组成，每个人的具体岗位各不相同。具体如下：

（1）主播 1 人：负责直播、互动、导购、策划工作。

（2）助播 1 人：负责协助主播、策划、直播间预告工作。

（3）场控 1 人：配合互动、释放权益、商品上下架、直播间调试、三大后台（达人、中控、阿里妈妈）。

（4）策划 1 人：负责商品内容、促销脚本、内容制作和分发、直播脚本。

（5）BD（商务拓展）1 人：负责商品整理招商、佣金管理、对接店铺、商品信息整理。

（6）数据分析 1 人：负责数据收集、数据分析、优化建议。

在实际工作中，这个团队人数不是固定的，而是非常灵活的，是根据公司的预算和规模来设置的。

一般来说，成熟的直播团队在 4 个人左右，标准的团队在 2 个人左右。

低配版、标配版、升级版团队人员构成及职能分工，分别见表 2-7～表 2-9。

表 2-7 低配版团队人员构成及职能分工

人员构成	职能分工
主播 1 人	熟悉商品脚本，熟悉直播活动脚本，做好商品讲解，控制直播节奏，做好直播复盘
运营 1 人	分解直播营销任务；规划直播商品品类，规划直播商品上架顺序，规划直播商品陈列方式；分析直播数据
	策划直播间优惠活动；设计直播间粉丝分层规则和粉丝福利；策划直播平台排位赛直播活动，策划直播间引流方案
	撰写直播活动规划脚本；设计直播话术，搭建并设计直播间场景；筹备直播道具等
	调试直播设备和直播软件；保障直播视觉效果；上架商品链接，配合主播在后台发放优惠券

表 2-8　标配版团队人员构成及职能分工

人员构成	职能分工
主播 1 人	熟悉商品脚本，熟悉直播活动脚本，做好商品讲解，控制直播节奏，做好直播复盘
运营 1 人	分解直播营销任务；规划直播商品品类，规划直播商品上架顺序，规划直播商品陈列方式；分析直播数据
策划 1 人	策划直播间优惠活动；设计直播间粉丝分层规则和粉丝福利；策划直播平台排位赛直播活动，策划直播间引流方案
	撰写直播活动规划脚本；设计直播话术，搭建并设计直播间场景；筹备直播道具等
中控 1 人	调试直播设备和直播软件，保障直播视觉效果；上架商品链接，配合主播在后台发放优惠券

表 2-9　升级版团队人员构成及职能分工

人员构成		职能分工
主播团队 3 人	主播	（1）开播前熟悉直播流程、商品信息； （2）直播中介绍商品，介绍直播间福利，与用户互动； （3）直播后做好复盘，总结直播经验
	助播	（1）协助主播介绍商品、介绍直播间福利活动； （2）试穿、试用商品； （3）主播离开时担任临时主播等
	助理	（1）准备直播商品、道具等； （2）协助配合主播工作，做主播的模特，完成画外音互动等
策划		（1）规划直播内容，确定直播主题； （2）准备直播商品； （3）做好直播前的预热宣传； （4）规划好开播时间段，做好直播间外部导流和内部用户留存等

2.3.5　任务分组

表 2-10　学生
任务分配表

2.3.6 自主探究

任务工作单 2-13

组号：_____　　姓名：_____　　学号：_____　　检索号：_____

引导问题 1：查阅资料，列举直播团队包含的工作岗位。

　　

引导问题 2：分别阐述每种工作岗位的主要工作内容。

　　

任务工作单 2-14

组号：_____　　姓名：_____　　学号：_____　　检索号：_____

引导问题 1：自由组建直播团队，并说明工作分工。

　　

引导问题 2：完成电商直播任务分工表（表 2-11）。

表 2-11　电商直播任务分工表

岗位名称	工作内容	负责人	分工依据

2.3.7　合作研学

任务工作单 2-15

组号：_____　姓名：_____　学号：_____　检索号：_____

引导问题：小组讨论，教师参与，确定任务工作单 2-13、任务工作单 2-14 的最优答案，并检讨自己存在的不足。

2.3.8　展示赏学

任务工作单 2-16

组号：_____　姓名：_____　学号：_____　检索号：_____

引导问题：每组推荐一个小组长，进行汇报。根据汇报的情况，再次评价自己的不足。

2.3.9　评价反馈

任务工作单 2-17
个人自评表

任务工作单 2-18 任
务完成情况评价表

项目3 直播行业准则认知

任务 3.1 电子商务法律法规学习

3.1.1 任务描述

查阅相关资料，说出《中华人民共和国电子商务法》颁发的意义，能够区分电子商务经营者和电子商务平台经营者，阐述电子商务平台经营者的社会责任，能够完成案例分析。

3.1.2 学习目标

1. 知识目标

（1）了解我国电子商务立法情况。

（2）掌握电子商务经营者和电子商务平台经营者的区别。

2. 能力目标

（1）能够阐述电子商务平台经营者的社会责任。

（2）能够分析生活中的法律案例。

3. 素养目标

（1）培养学生的法治意识。

（2）培养学生公平、公正的思维。

3.1.3 重点难点

（1）重点：我国电子商务立法情况；电子商务经营者和电子商务平台经营者的区别。

（2）难点：电子商务平台经营者的社会责任；分析生活中的法律案例。

3.1.4 相关知识链接

1. 电子商务经营者及平台经营者的内涵

电子商务经营者是指电子商务活动的参与者，是在电子商务法律关系中享有权利和承担义务的人，包括法人、自然人和其他经济组织。从功能上讲，平台经营者有广义和狭义之分。狭义的平台经营者仅指以电子商务为经营模式的企业；广义的平台经营者则包含从构造、运营电子商务平台到实际进行电子商务的各类经营者。电子商务企业有两种类型：一种是采取电子商务交易手段的传统企业；另一种是为电子商务交易提供基础设施服务和辅助服务的现代互联网服务企业（ISP），如互联网联结商（IAP）与互联网内容提供商（ICP）、网吧等。

网络平台也称电子商务平台经营者，是指在电子商务活动中为交易双方或多方提供网页空间、虚拟经营场所、交易撮合、信息发布等服务，供交易双方或多方独立开展交易活动的法人或其他组织。根据交易主体的不同，网络平台可分为B2C、B2B、C2C等类型，为交易双方提供虚拟的交易场所，在一定程度上扮演着社会性场所管理人、群众性活动组织者的角色。

2. 电子商务平台及经营者的社会责任

随着网络普及，电子购物因其便捷性、价格低、速度快等成为现代人生活中重要的消费方式，值得注意的是，很多参与电子商务的自然人属于限制或无民事行为能力的人，导致如"未成年人打赏出25万元有效吗？""14岁孩子独自买手机，购物是否有效"等新闻层出不穷，引发了很多网络交易纠纷，不利于电子商务的发展。现实中，有些地方进行了未成年人网购需获家长同意承诺的探索，但具体实施仍存在很大难题，本质上是网络环境下未成年人缔约能力和网购合同效力的问题。

从电子商务平台和经营者的角度，应履行企业的社会责任，在交易的过程中多做一些机制上的监控和技术上的设计，将大大减少未成年人非理性购物的机会。近几年由政府倡导，完美时空、腾讯、盛大游戏、网易、搜狐畅游、巨人网络六家网络游戏企业共同发起并参与实施"网络游戏未成年人家长监护工程"，旨在引导未成年人健康、绿色参与网络游戏。网络游戏企业建立"监护工程"服务页面，公布专线咨询电话和受理程序，家长便可实名提出对其子女参与游戏的行为进行监控的要求。

从政府监管角度，应从严格主体准入制度、改进内容审查机制、加强市场监管力度、引导建立行业内自我约束机制等方面加强监管力度。随着电子商务的发展，相关管理规范也正在不断完善中。

任何技术和制度都不是完美的，若要保护未成年人在网络上的权益，需要家长、学校、全社会形成合力，加强用户举报、投诉的社会机制，科学的家庭教育也不容忽视，家长应注意保管好自己的手机及银行卡、手机的密码，避免因手机被偷拿或密码泄露，造成不必要的经济损失与纠纷。

3. 直播带货的法律责任

尽管有主播形象和信誉的"背书"，消费者对于直播带货似乎并不是完全照单全收、完全买账。根据中国消费者协会2020年3月31日发布的"直播电商购物消费者满意度在线调查报告"，"没有使用电商购物原因"中"担心商品质量没有保障"一项占比高达60.5%；"直播购物全流程满意度"中宣传环节满意度最低，得分只有64.7分（百分制），"夸大其词""假货太多""鱼龙混杂""货不对板"成为用户吐槽的关键词。

实际上，主播的带货也经常让直播间成为大型"翻车"现场，可能存在侵害用户权益的虚假宣传、货不对板、质量"翻车"、售后维权无门等问题。直播带货也伴随着巨大的法律风险，如上述"翻车"现场出现的行为就可能违反《中华人民共和国广告法》（以下简称《广告法》）、《中华人民共和国电子商务法》（以下简称《电子商务法》）、《中华人民共和国产品质量法》（以下简称《产品质量法》）、《中华人民共和国消费者权益保护法》（以下简称《消费者权益保护法》）等法律。对于主播带货"翻车"应如何进行追责，成为法律实务中亟待解决的问题。

4. 带货主播的法律身份

带货主播是广告发布者、广告代言人还是经营者？前述"直播电商购物消费者满意度在线调查报告"中，38.5%的用户认为带货主播就是经营者，30.8%的用户认为带货主播不是经营者，还有30.7%的用户表示并不清楚带货主播是哪种角色。带货主播的社会身份不难分清——网红、影视演员、政企管理人员等，但他们的法律身份却难以准确界定。问题的关键在于"带货"中的"带"字应作何解释？"带"字有率领、引导之意，指向法律上的广告行为；也有携带、捎带之意，指向法律上的销售行为。广告和销售是直播带货中两种常见的情境，两者的区别在于直播过程中是否发生直接的商品有偿转让，区分广告行为和销售行为可以更准确地界定带货主播的法律身份。

带货主播从事广告行为的，身份通常是广告发布者或广告代言人。根据《广告法》第二条的规定，广告发布者，是指为广告主或者广告主委托的广告经营者发布广告的自然人、法人或者其他组织；广告代言人，是指广告主以外的，在广告中以自己的名义或者形象对商品、服务作推荐、证明的自然人、法人或者其他组织。

从常见的直播带货形式来看，带货主播接受广告主委托或者接受广告经营者（如直播平台）委托从事商品宣传，应认定为广告发布者。带货主播此时的作用通常是引流——用户通过点击直播平台上的链接跳转至电子商务经营者网页继续完成购物。如果带货主播"以自己的名义或者形象对商品、服务作推荐、证明"，应认定为广告代言人。此时，带货主播的作用除引流外，还在以自身形象和信誉为商品"背书"，用户基于带货主播对商品质量和服务的承诺与保证购买商品的，应视带货主播为广告代言人。

带货主播除从事广告行为外，还可能直接在直播间销售商品，即发生直接的商品有偿转让。此种模式一般被称为"商铺直播"，即自己卖货。此时，带货主播从事的是销售行为，根据《电子商务法》第九条的规定，认定其为电子商务经营者。当然，此时带货主播的电子商务经营者身份也可能与广告行为中的身份相重合，同时作为广告发布者（或广告代言人）和电商经营者。因此，带货主播的身份应综合其行为全过程加以认定。

3.1.5 任务分组

表 3-1 学生任务分配表

3.1.6 自主探究

任务工作单 3-1

组号：_____ 姓名：_____ 学号：_____ 检索号：_____

引导问题 1： 查阅相关资料，简述《电子商务法》的意义。

引导问题 2： 简述电子商务经营者和电子商务平台经营者的概念。

任务工作单 3-2

组号：_____ 姓名：_____ 学号：_____ 检索号：_____

引导问题 1： 查阅相关资料，阐述电子商务平台经营者的社会责任。

引导问题 2： 完成以下案例分析。

10 月，毛先生在新浪"一拍网"注册，并在网上拍下商品编号为 5596482 的二手笔记本电脑一台，价格为 3 350 元，卖家为长沙市建设北路华天商城的枫祥科技，联系人是李某。11 月 1 日，毛先生按照网上资料向枫祥科技的个人（财务人员杨某某）账户汇款 3 400 元，但没有收到笔记本电脑。此后，联系人李某手机关机。经向工商部门查询，发现长沙市并无建设北路，也没有华天商城，设在华天商城的枫祥科技更属子虚乌有。

次年 3 月 16 日，毛先生起诉状告新浪"一拍网"的所有人和经营者北京阳光山谷信息技术公司，要求其赔偿经济损失 3 400 元并承担全部诉讼费用（含差旅费）。

请分析：

（1）本案例中毛先生的损失应由谁承担？

（2）新浪"一拍网"属于何种性质的电子商务平台？其对本案例中毛先生的损失应承担何种责任？

3.1.7　合作研学

任务工作单 3-3

组号：_____　姓名：_____　学号：_____　检索号：_____

引导问题：小组讨论，教师参与，确定任务工作单 3-1、任务工作单 3-2 的最优答案，并检讨自己的不足。

3.1.8　展示赏学

任务工作单 3-4

组号：_____　姓名：_____　学号：_____　检索号：_____

引导问题：每组推荐一个小组长，进行汇报。根据汇报情况，再次评价自己的不足。

3.1.9 评价反馈

任务工作单 3-5
个人自评表

任务工作单 3-6
任务完成情况
评价表

拓展阅读：互联网
直播营销信息内
容服务管理规定

拓展阅读：加强网
络直播营销活动
监管的指导意见

任务 3.2　直播法律法规学习

3.2.1　任务描述

查阅相关资料，阐述知情权的概念和内容，解读公平交易权、质量担保义务相关法条，并分析生活中有关售后服务义务的案例，完成案例分析。

3.2.2　学习目标

1. 知识目标

（1）了解电子商务消费者的知情权。

（2）了解电子商务消费者的公平交易权。

2. 能力目标

（1）能够阐述质量担保义务的概念。

（2）能够阐述售后服务义务的相关内容并进行案例分析。

3. 素养目标

（1）培养学生的法治意识。

（2）培养学生公平、公正的思维。

3.2.3　重点难点

（1）重点：电子商务消费者的知情权；电子商务消费者的公平交易权。

（2）难点：质量担保义务的概念；售后服务义务的相关内容并进行案例分析。

3.2.4　相关知识链接

1.《电子商务法》的概念

《电子商务法》是随着现代信息化技术发展和应用而形成的商事法律部门中的一个重要领域，它不仅是对传统商事理念和交易规则的继承与发展，更是对传统法律无法应对的新兴交易规则、交易模式等问题的突破。一般认为，法律是调整特定社会关系或社会行为的规范，而电子商务的发展和自身的规范及要求导致《电子商务法》的产生。《电子商务法》是调整以数据电文为交易手段而形成的以交易形式为内容的商事关系的法律、规范的总和。

2. 电子商务中消费者保护的特殊性

在电子商务中，消费者保护具有十分重要的地位。这种重要性不仅在于传统意义上的经营者与消费者之间因交易中的弱势需要保护，更重要的在于电子商务是在一个虚拟的环境下完成的，因此，需要一套取得消费者信任的制度保障。在网络环境下，消费者的保护问题更主要地表现为赢得消费者信任的制度保障。消费者信任的主要内容既包括传统消费者权益保护法中的消费者保护内容，又包括网上交易安全的内容，即消费者相信网络交易的真实性、可靠性。

3. 直播相关的法律案例

案例："刘定策与杭州夜雪电子商务有限公司网络购物合同纠纷一案"。

在本案例中，原告在被告经营的天猫店铺"youngdot 韵动星旗舰店"直播间购买商品"天然和田玉吊坠籽料原石男士项链观音牌子佛公平安扣女款貔貅钟馗"1件，涉案商品直播时曾经特别说明为籽料且假一赔十。法院认为：被告在直播销售过程中描述商品材质为和田玉籽料及承诺"假一赔十"，是关于商品质量及违约责任的要约，原告购买商品，是承诺，双方网络购物合同合法有效。经鉴定机构检测，涉案商品并非和田玉籽料，直播中存在以次充好的虚假描述，应当按照约定承担假一赔十的违约责任。

案例解读：在直播过程中，消费者一般不是直接向主播购买商品（商铺直播例外），而是点击直播平台上的链接跳转至电子商务经营者网页完成购物，此时缔结网络购物合同的双方是电子商务经营者和消费者，两者之间形成网络购物合同关系。消费者发现商品质量存在瑕疵，电子商务经营者违反《电子商务法》第七十四条、《中华人民共和国民法典》（以下简称《民法典》）第一百一十一条、《消费者权益保护法》第四十条的规定，应承担质量不符合约定的违约责任。此时，主播一般不承担直接的违约责任。

在此案例中，被告即电子商务经营者杭州夜雪电子商务有限公司承担网络购物合同的违约责任，主播因为不是合同关系的当事人，不承担违约责任。但是主播在直播过程中对商品材质的承诺可构成网络购物合同的内容，消费者可以据此要求电子商务经营者承担违约责任。

主播在网络购物合同关系中虽不承担违约责任，但在直播带货中从事广告行为，如果发布虚假广告，欺骗、误导消费者，应根据《广告法》第五十六条以主播的不同身份进行追责："发布虚假广告，欺骗、误导消费者，使购买商品或者接受服务的消费者的合法权益受到损害的，由广告主依法承担民事责任。广告经营者、广告发布者不能提供广告主的真实名称、地址和有效联系方式的，消费者可以要求广告经营者、广告发布者先行赔偿；关系消费者生命健康的商品或者服务的虚假广告，造成消费者损害的，其广告经营者、广告发布者、广告代言人应当与广告主承担连带责任；前款规定以外的商品或者服务的虚假广告，造成消费者损害的，其广告经营者、广告发布者、广告代言人，明知或者应知广告虚假仍设计、制作、代理、发布或者作推荐、证明的，应当与广告主承担连带责任。"

可见，主播如果明知是欺骗、误导消费者的虚假广告，仍参与广告发布或代言行为的，可能需要对广告主的侵权行为承担连带责任。

3.2.5　任务分组

表 3-2　学生任务
分配表

3.2.6　自主探究

任务工作单 3-7

组号：_____　　姓名：_____　　学号：_____　　检索号：_____

引导问题 1： 查阅相关资料，简述知情权的概念和内容，并摘抄《电子商务法》第十七条的内容。

引导问题 2： 查阅相关资料，简述公平交易权的内容并进行解读。

任务工作单 3-8

组号：_____　　姓名：_____　　学号：_____　　检索号：_____

引导问题 1： 摘抄《民法典》第六百三十五条和《电子商务法》第十三条并进行解读。

引导问题 2：完成以下案例分析。

马女士于 2015 年 7 月 23 日在某平台"拍卖会"拍得一件价值 7 000 元的翡翠挂件，但收到货后感觉商品色泽暗沉，与页面图片上展示的翠绿色完全不符，马女士认为销售者做出了引人误解的虚假宣传行为，是欺诈消费者，遂向该平台申请退货退款。被卖家拒绝后，女士向浙江消费者权益保护委员会（以下简称浙消保委）寻求维权帮助。接到消费者投诉后，浙消保委工作人员立即与平台卖家联系核实情况，经沟通了解到，平台"拍卖会"是为会员提供的具有独特性或有较高附加值的特殊拍品的交易平台，不同于普通的网络交易程序，竞拍者需要经过缴纳保证金、出价竞拍、竞拍成功、支付货款、完成交易五个步骤才能拍得拍品。同时，卖家称已在商品页面注明"依据商品性质不支持 7 天无理由退货"，且实物与图片色泽不符属于主观层面，故不同意退货退款，也不接受调解。

请分析：

（1）该案例是否适用"依据商品性质不支持 7 天无理由退货"的主张？

（2）销售者的宣传是否构成对消费者的欺诈？如何认定？

3.2.7 合作研学

任务工作单 3-9

组号：_____ 姓名：_____ 学号：_____ 检索号：_____

引导问题：小组讨论，教师参与，确定任务工作单 3-7、任务工作单 3-8 的最优答案，并检讨自己的不足。

3.2.8　展示赏学

任务工作单 3–10

组号：_____　　姓名：_____　　学号：_____　　检索号：_____

引导问题： 每组推荐一个小组长，进行汇报。根据汇报情况，再次评价自己的不足。

3.2.9　评价反馈

任务工作单 3-11
个人自评表

任务工作单 3-12
任务完成情况评
价表

项目 4　平台规则认知

任务 4.1　淘宝直播平台规则学习

4.1.1　任务描述

查阅相关资料，能找到淘宝规则中有关直播的内容，明白淘宝主播开播的条件，找到主播违规行为的处置规定并完成淘宝直播规则表（表 4-1）。

表 4-1　淘宝直播规则表

规则大类	规则节选	解读	举例
行业规范类			
内容规范类			
商品规范类			
主播规范类			

4.1.2　学习目标

1．知识目标
（1）了解淘宝直播平台规则。
（2）掌握淘宝直播准入条件。

2．能力目标
（1）能够合规完成主播准入。
（2）能够合规完成直播。

3．素养目标
（1）培养学生的法治意识。
（2）培养学生公平、公正的思维。

4.1.3　重点难点

（1）重点：淘宝直播平台规则；淘宝直播准入条件。
（2）难点：合规完成主播准入；合规完成直播。

4.1.4　相关知识链接

1．直播营销合规温馨提醒
为共建绿色、健康的网络生态，直播小助理温馨提醒，在日常直播中，要严格遵守国家法律、法规，遵守淘宝直播平台规则和用户协议约定，严禁出现违法、违规的商业营销宣传行为。

（1）严禁借党和政府重大会议、活动，党和国家领导人重要讲话等进行商业营销或商业炒作。

（2）严禁使用或变相使用中国共产党党旗、党徽，中华人民共和国国旗、国歌、国徽，中国人民解放军军旗、军歌、军徽；严禁使用或变相使用国家机关、国家机关工作人员的名义或形象，进行广告宣传或商业炒作。

（3）严禁发布或推广各类禁止销售的"勋章""奖章""纪念章"或各类伪造的"纪念币""纪念钞""纪念邮票"等。

（4）严禁各类违法宣称"特供""专供"及"党史学习教育专用"等商业广告或营销宣传行为。

（5）严禁借用军人家属及退役军人身份发布商业广告或进行营销宣传。

（6）严禁宣扬恐怖主义、民族分裂主义、宗教极端思想，以及各类含有民族歧视、种族歧视、宗教歧视、性别歧视、地域歧视、职业歧视等内容的营销宣传行为。

（7）严禁含有损害国家利益，泄露国家秘密，以及使用不规范中国地图等内容的营销宣传行为。

（8）严禁含有淫秽、暴力、赌博、迷信、恐怖等内容的营销宣传行为。

（9）严禁通过恶搞经典、歪曲历史制造噱头、吸引关注、挑战公序良俗、伤害中国人民和中华民族感情的营销宣传行为。

（10）严禁制作和发布低俗、恶搞、色情视频或图片，或发布各类软色情、打擦边球的营销内容。

（11）严禁销售国家法律、法规明确禁止的各类违规商品或提供相关服务。

2.整治网络直播、短视频领域乱象专项治理公告

为切实维护健康网络环境，保障广大消费者的合法权益，淘宝直播平台将以"色、丑、怪、假、俗、赌"等违法、违规内容为切入点，加强直播账号与内容管理，从严整治"泛黄"低俗内容、虚假宣传、恶意营销等突出问题。

（1）从严整治"泛黄"低俗内容。淘宝直播平台禁止传播低俗、庸俗、媚俗类直播内容，禁止在直播评论中发布低俗，涉毒、涉赌，非法引流、导流等违法和不良信息。

（2）从严处置恶意博眼球内容。淘宝直播平台从严处置发布违规内容的账号，依据规定将经常性发布违规内容、恶意博眼球的"网红账号"纳入平台"黑名单"。从严整治煽动、制造、宣扬畸形审美，颠覆传统道德观，以荒诞、滑稽为特征，表达错位的、怪异的、不合常规的恶意博眼球内容。

（3）从严打击数据造假行为。淘宝直播平台从严打击篡改或虚构直播数据欺骗用户的行为，如虚构粉丝数、观看数、交易数等。

（4）坚决遏制劣迹艺人、劣迹主播违规复出。淘宝直播平台坚决遏制劣迹艺人、劣迹主播转移阵地违规复出、恶意违规复出开播，包括但不限于"换马甲直播"、本人在他人直播间复出等行为。

（5）从严打击"图文不符"、虚假宣传行为。淘宝直播平台从严打击直播"图文不符"、带货商品与实际货品不一致等虚假宣传行为；重点整治直播带货中对产品效果、交易数据、用户评价等进行夸大或造假行为；从严整治直播"全年最低价""史上最低价"等涉嫌价格欺诈的行为。

（6）从严整治借特定人群违规牟利。淘宝直播平台从严整治直播间恶意借未成年人出镜牟利；从严整治恶意借患病或残障人士、孤寡老人等进行带货牟利；从严整治肆意编造演绎情感纠纷等虚假猎奇剧情，吸引用户尤其是老年用户关注后，进行变相欺诈销售。

（7）从严整治恶意营销、虚假人设问题。淘宝直播平台从严整治通过编造故事、摆拍作秀等手段，营造名媛人设，进行炒作、吸引流量等问题；从严整治营造"卖惨"人设，博取同情进行商品推广等问题；从严整治营造成功人设，打着分享成功学、职场经验的旗号，实则宣扬厚黑学、金钱至上理念等问题。

（8）禁止恶意蹭热点。淘宝直播平台禁止在灾难或事故现场以救援者或受难者姿态进行拍摄等，以帮扶救援为名，行借机蹭热度、消费灾情之实的行为；禁止对走红的热点人物进行实地围追堵截，以其为主角或背景进行拍摄，借势吸引流量，严重干扰当事人正常生活等行为；禁止对热点事件、人物、话题进行"反蹭"，罔顾事实对热点事件、人物进行恶意调侃、抨击，甚至无中生有、编造谣言等行为。

推动全面从严治理直播行业乱象，打造风清气朗的网络生态。淘宝直播平台将全面排查清理涉嫌存在上述行为的主播及机构，平台将依据《淘宝直播管理规则》《淘宝直播机构管理规范》，视违规情节严重程度，做实时弹窗提醒、取消浮现、拉停删除、限制开播、清退账号等处置。

4.1.5　任务分组

表 4-2　学生任务分配表

4.1.6　自主探究

任务工作单 4-1

组号：_____　姓名：_____　学号：_____　检索号：_____

引导问题 1：查阅相关资料，摘抄淘宝规则中有关直播的内容。

引导问题 2：简述淘宝主播开播条件。

任务工作单 4-2

组号：_____ 姓名：_____ 学号：_____ 检索号：_____

引导问题 1：查阅相关资料，简述主播违规行为处置规定。

引导问题 2：查阅网站 https://taolive.taobao.com/college/index.html#/ 完成淘宝直播规则表（表 4-3）。

表 4-3　淘宝直播规则表

规则大类	规则节选	解读	举例
行业规范类			
内容规范类			
商品规范类			
主播规范类			

4.1.7　合作研学

任务工作单 4-3

组号：_____ 姓名：_____ 学号：_____ 检索号：_____

引导问题：小组讨论，教师参与，确定任务工作单 4-1、任务工作单 4-2 的最优答案，并检讨自己的不足。

4.1.8　展示赏学

任务工作单 4-4

组号：_____　　姓名：_____　　学号：_____　　检索号：_____

引导问题： 每组推荐一个小组长，进行汇报。根据汇报情况，再次评价自己的不足。

4.1.9　评价反馈

任务工作单 4-5
个人自评表

任务工作单 4-6
任务完成情况
评价表

拓展阅读：淘宝
直播管理规则

任务 4.2　其他平台了解

4.2.1　任务描述

查阅相关资料，阐述不同直播平台的特点，解读某一平台的直播，分析粉丝画像并完成直播平台对比表（表4-4）。

表 4-4　直播平台对比表

直播平台	特点	粉丝画像	带货效果	平台准入

4.2.2　学习目标

1. 知识目标

（1）了解常见的直播平台。

（2）掌握其他平台的规则。

2. 能力目标

（1）能够对平台的粉丝群体进行分析。

（2）能够对比不同平台的带货效果等。

3. 素养目标

（1）培养学生的互联网思维。

（2）培养学生的辩证思维。

4.2.3　重点难点

（1）重点：常见的直播平台；其他平台的规则。

（2）难点：对平台的粉丝群体进行分析；对比不同平台的带货效果等。

4.2.4　相关知识链接

1. 公域流量和私域流量

对于刚入或转型直播行业的企业和个体来说，认清公域流量和私域流量的特点与区别，选择合适的直播平台，是开展直播电商的第一步。

流量是指一个网站的访问量，即访问网站的人数，包括网站的独立用户数量、总用户数量（含重复访问者）、页面浏览数量、每个用户的页面浏览数量、用户在网站的平均停留时间等。流量可分为公域流量和私域流量两类。

（1）公域流量。公域流量也称平台流量，它不属于单一个体，而是集体所共有的流量，是商家通过平台进行销售所获取的流量。

公域流量直播一般形式就是依托第三方平台的直播。企业或品牌自己没有建立相关的用户链接，没有自己的私域流量池，需要借助第三方的流量资源完成直播。

对于商家而言，依托平台获取流量需要付费，流量成本较高。另外，平台不会完全共享核心数据，商家无法掌控交易的所有数据。

（2）私域流量。私域流量是相对于公域流量来说的概念，是指不用付费，可以在任意时间、任意频次直接触达用户的渠道，如自媒体、用户群、微信号等，是一个社交电商领域的概念。

私域流量的转化效率高，通过便捷、低成本的触达和运营，可以使一定的流量转换为更高的收入。

私域流量直播，一般形式就是企业或品牌已经建立相关的用户链接，用 App、小程序、微信群等方式建立了用户链接，形成了基于链接的私域流量池，在这样的基础上，企业就可以基于自己的私域流量池进行直播。

对企业来说，基于企业的产品特性、营销目标和发展特点选择合适的直播平台，尤为重要。根据 Trustdata 发布的 2020 年 3 月移动互联网全行业排行榜，依据月活跃用户数量将各直播平台分成三大梯队，并简单分析其直播属性。

2. 常见的直播平台及分析

（1）斗鱼 TV。斗鱼 TV 早期隶属于弹幕视频网站 AcFun。AcFun 自成立以来，每日投稿视频数量不断攀升，用户黏性也日益增强。随着互联网的普及和人们观念的改变，用户要求增强网络视频的互动性。在此情况下，AcFun 成立了直播平台，不仅克服了网络视频上传的弊端，同时，也满足了用户的互动需求。2014 年，斗鱼 TV 从 AcFun 独立出去，成为直播行业第一个平台，也是最早提出"直播+"的发展概念，并打造"泛娱乐"模式。

（2）虎牙直播。虎牙直播是 YY 旗下的一个直播平台，也是中国领先的互动直播平台。虎牙直播在 PC 端和移动端均快速发展。虎牙直播以游戏直播为主，也集合了多元化的热门直播内容，如音乐、综艺、教育、体育、美食等。

（3）映客直播。映客直播是一款移动操作系统的全面化的社交视频直播应用平台。映客直播可以使用微博、微信账户登录，操作十分便捷。映客直播功能强大，包括精彩回放、互动交流、私信聊天等。映客直播的最大特点就是极简和时尚，打造温暖、人性化的社交平台，吸引了大量用户。

（4）一直播。一直播是一款娱乐直播互动的 App，虽然上线时间较晚，但是影响力很大，与微博达成了直播战略合作伙伴关系，用户可以通过微博绑定，操作简单。主播与用户可以在平台上交流，包括在线互动的话题讨论等，各界名人也使用一直播 App 做直播，粉丝不需要安装其他 App，用微博即可进行互动。

3. 直播平台的月活跃用户数量和直播属性一览表

目前，各直播平台的月活跃用户数量与直播属性一览表见表 4-5。

表 4-5　各直播平台的月活跃用户数量与直播属性的对比

梯队	直播平台	月活跃用户数量 / 万	直播属性
一	淘宝	69 918	商家、主播带货
	抖音	46 918	网红主播娱乐、带货
	快手	26 853	网红主播娱乐、带货
二	微博	28 860	KOL、网红主播娱乐、带货
	拼多多	25 216	商家店铺带货
	西瓜视频	14 045	达人带货
	京东	8 781	明星、KOL、商家店铺带货
	小红书	5 354	明星、KOL 带货
	哔哩哔哩	4 491	UP 主带货

梯队	直播平台	月活跃用户数量／万	直播属性
三	虎牙直播	3 316	游戏直播互动为主
	花椒直播	2 929	生活内容分享为主
	斗鱼 TV	2 666	游戏直播互动为主
	YY	2 372	游戏直播互动为主
	苏宁易购	945	商家店铺带货
	蘑菇街	243	买手带货、女性为主

4.2.5　任务分组

表 4-6　学生任务分配表

4.2.6　自主探究

任务工作单 4-7

组号：_____　姓名：_____　学号：_____　检索号：_____

引导问题 1：列举常见的直播平台，并阐述平台特点。

引导问题 2：选择某一平台，查找相关资料，简述某一平台规则并进行解读。

任务工作单 4-8

组号：_____ 姓名：_____ 学号：_____ 检索号：_____

引导问题 1：选择某一平台，对粉丝群体进行分析。

引导问题 2：查阅相关资料，完成直播平台对比表（表 4-7）。

表 4-7　直播平台对比表

直播平台	特点	粉丝画像	带货效果	平台准入

4.2.7　合作研学

任务工作单 4-9

组号：_____ 姓名：_____ 学号：_____ 检索号：_____

引导问题：小组讨论，教师参与，确定任务工作单 4-7、任务工作单 4-8 的最优答案，并检讨自己的不足。

4.2.8　展示赏学

任务工作单 4–10

组号：＿＿＿＿＿＿　姓名：＿＿＿＿＿＿　学号：＿＿＿＿＿＿　检索号：＿＿＿＿＿＿

引导问题： 每组推荐一个小组长，进行汇报。根据汇报情况，再次评价自己的不足。

4.2.9　评价反馈

任务工作单 4–11
个人自评表

任务工作单 4–12
任务完成情况
评价表

模块 **3** 产品手卡制作

项目 5 卖点挖掘

任务 5.1 竞品分析

5.1.1 任务描述

请为一个直播产品寻找竞品，完成直播竞品画布填写。

5.1.2 学习目标

1. 知识目标

（1）掌握竞品分析的概念。

（2）掌握直播竞品分析的流程。

2. 能力目标

（1）能够根据调研数据进行直播带货竞品分析。

（2）能够准确填写直播带货竞品画布。

3. 素养目标

（1）培养学生正当的行业竞争意识。

（2）培养学生分析问题、解决问题的能力。

（3）培养学生透过现象看本质的意识。

（4）培养学生积极思考、勤于动手的能力。

5.1.3 重点难点

（1）重点：直播竞品分析的概念及流程。

（2）难点：根据调研数据完成直播带货竞品画布。

5.1.4 相关知识链接

1. 什么是竞品分析

竞品分析（Competitive Analysis）一词最早源于经济学领域。市场营销和战略管理方面的竞品分析是指对现有的或潜在的竞争产品的优势和劣势进行评价。这个分析提供了指定产品战略的依据，将竞品分析获得的相关竞品特征整合到有效的产品战略制定、实施、监控和调整框架中。

简单来说，竞品分析就是根据自己的分析目的，确定切入角度，对竞争对手或市场进行客观分析，找到竞品或自己的优势与劣势，为下一步决策提供科学依据。从这个角度看，竞品分析的过程就是知己知彼的过程。

2．为什么要进行竞品分析

通过观察和分析竞品，能够帮助我们了解动态变化、市场格局，找到细分机会；获取灵感，吸收经验，更要挖掘自身产品卖点，策划优质直播带货活动。具体可分为以下几个方面：

（1）为店铺提供参考依据，在制定产品战略规划、子产品线布局、市场占有率等方面，提供一种相对客观的参考依据。

（2）随时了解竞争对手的产品和市场动态，如果挖掘数据渠道可靠稳定，根据相关数据信息可判断出对方的战略意图和最新调整方向。

（3）了解细分用户群体的需求、空缺的情况和产品运营策略，一般会从对方的弱点及未满意的细分需求着手，自我快速调整，以保持自身产品在市场的稳定性或快速提升市场占有率。

（4）进入全新领域时做全局判断，新立项的产品、没有形成较为有效完整的系统化思维和客观准确方向时，可查看有哪些竞争。

3．竞品分析的流程

竞品分析的流程称为"竞品分析六步骤"，如图 5-1 所示。

图 5-1　竞品分析流程

（1）明确目标。在开始任何一项工作前都需要确定其目标，市场竞品分析也不例外。

明确本次竞品分析的目的，才能确定寻找什么样的竞品、收集什么类型的资料及分析维度和方式等，为接下来的工作奠定基础，提高效率。想要有效地确定市场竞品分析目的，首先回答以下几个问题：

定义：要给哪个产品做竞品分析？这个产品当前处于什么阶段？

挑战：当前产品主要面临着什么问题与挑战？

目的：开始本次竞品分析的目的是什么？是学习借鉴竞品还是提前做好产品预警？

目标：做竞品分析的目标是什么？（从该不该做这次分析、产品定位和卖点是什么、竞争策略是什么等其他方面回答。）

结果：竞品分析最后输出的成果是什么？确定直播电商竞品分析的目的，切入分析重点，避免刻意追求全面，不但可以节约时间，还可以提高分析效率。可以借用思维导图工具，发散思维找到本次市场竞品分析的目的。

（2）选择竞品。市场竞品分析的关键是会选竞品、选对竞品。如果搞不清楚需要选择什么竞品，最后的分析结果也将变得毫无意义。例如，对某知名品牌旗下的眉笔产品进行竞品分析，竞品却选择面霜、粉底等其他化妆产品。

　　竞品的选择可以从本行业的优品中挑选，另外，还要以分析目的为核心进行筛选。改进产品的目的，可以重点在本行业中挑选竞品；改进业务中的某个板块的目的，除同行外，可以在核心用户相似的其他行业或核心用户虽然不同但与改进的板块类似的其他行业中挑选竞品。

　　通过分析产品种类、功能等特征，从四个维度选择竞品，具体见表 5-1。

表 5-1　竞品选择

序号	维度	内涵阐述	
维度一	直接竞品	特指与本产品形式一致、用户群体一致的竞品	
		重要竞品	在整体或某些方面做得比本产品好的竞品
		核心竞品	发展得比本产品好，有较大优势并且非常有竞争力的竞品
		间接竞品	与本产品的形式不同，但目标用户群体类似的竞品
维度二	一般竞品	一些不如自身产品的竞品	
维度三	可替代品	抢占同类用户时间的产品，或者是颠覆同类用户使用习惯的产品	
维度四	宏观层面选择竞品	市场份额占比排名前三的产品； 拥有大型企业支持背景的产品； 通过用户反馈了解到的产品； 该产品领域的创始鼻祖	

　　选出竞品的类目以后，不能盲目分析，需要找出重点，对竞品进行分级。根据级别的高低确定所花费精力的多少，很大程度上可以避免工作盲目或失焦。

　　（3）确定分析维度。竞品分析是一项很系统的工作，从产品和运营两个维度切入。产品维度是找出核心竞争力和优化方向；运营维度是从市场数据和策略的角度，明确怎样做才能让自己的产品被用户熟悉并使用，具体见表 5-2。

表 5-2　竞品分析

分析维度	分析内容	分析内容细化
产品维度	功能设计	功能分析需要精确到三级功能
	用户体验	包括产品页面布局和色彩、Logo 设计、内容数量和质量、交互设计等
	用户情况	包括用户画像、使用数据、用户反馈
	盈利模式	常见的有付费、免费增值、广告、电子商务、产品生命周期成本等
	市场推广	包括产品卖点、产品定价、销售推广渠道、营销方案和策略等
	团队背景	包括团队构成、资金和资源优势、技术背景和壁垒等

分析维度	分析内容	分析内容细化
产品维度	布局规划	竞品公司规划下一步怎么做，可结合竞品公司的财报、融资、招聘等信息
	企业战略	基于企业战略来推测下一步的产品设计
运营维度	数据表现	下载量、注册量、活跃、新增、留存、ASO、SEO、关键词搜索排名、销售额、市场占有率、百度指数等
	运营策略	付费/免费，推广渠道，推广效果，用户激励体系，用户分级管理，活动类型，活动创意，活动频率、效果，内容模式（UGC、PGC），内容质量，内容更新频率，媒体运营（传统媒体、公众号、微博），社群运营等

（4）资料收集。确定竞品选择的维度后，就需要挖掘寻找竞品的渠道，以便收集尽可能多且真实的信息数据。比较常用的竞品信息收集渠道有以下六种：

1）官方渠道：竞品公司官网、公司数据披露、高管公开演讲等。

2）行业研究：行业分析报告、艾瑞咨询、易观智库、企鹅智酷、199IT互联网研究等。

3）数据平台：DCCI互联网数据中心、百度指数、克劳锐、七麦指数、App Annie等平台。

4）媒体资讯：业内媒体、多人论坛、新闻报道等。

5）相关人员：调研核心用户、访谈核心员工等。

6）亲身试验：使用竞品、咨询客服、技术问答、查看评论、评级反馈等。

（5）信息整理与分析。竞品数据分析可以根据不同的产品阶段采用不同的分析方法。

1）产品战略规划阶段：PEST分析和波力五特模型总结出SWOT分析的四个维度，制定合适的战略决策。SWOT分析法可以清晰地梳理产品的优势和劣势。具体操作方式是将产品"优势、劣势、机会、威胁"四个维度进行比较和梳理，最后制表呈现。

2）产品发展阶段：注意优胜劣汰的竞争原则，学会从各种竞品中取长补短，不断地改进本产品并且制定科学的竞争策略。比较常用的分析方法有比较法、矩阵分析法、竞品跟踪矩阵、功能拆解和需求探索。

3）产品同质化严重阶段：竞品画布分析方式。直播带货竞品画布（表5-3）是把竞品分析的几个关键步骤固化在一张纸上，梳理出分析目标，通过纵横向对比分析，横向显示选择竞品的理由及竞品分析维度（包括功能、市场策略、独特卖点、产品痛点等）；纵向展现收集的竞品信息，反映的用户体验与评价，分点描绘出来，最终将这些维度表现连成一条线，可以得到一条产品的价值曲线。通过SWOT整理分析信息，最终得出总结与建议。直播带货竞品画布可以作为"竞品分析流程的模板"，在编写正式的竞品报告之前使用，在流程上予以规范，避免遗漏。

表 5-3　直播带货竞品画布

直播带货竞品画布	产品名称	制作者
【1.分析目标】为什么要做竞品分析？希望为产品带来什么帮助？ 您的产品所处阶段： 目前您的产品最大的问题与挑战： 竞品分析目标：	【5.优势】与竞品相比，您的产品有哪些优势？（tips：可以结合分析维度）	【6.劣势】与竞品相比，您的产品有哪些缺点？（tips：可以结合分析维度）
【2.选择竞品】竞品名称、版本及选择理由	【7.机会】您的产品有哪些外部机？	【8.威胁】您的产品有哪些外部威胁？
【3.分析维度】从哪几个角度来分析竞品？如功能、市场策略……（tips：结合产品阶段与分析）	【9.建议与总结】通过竞品分析，对您的产品有什么建议？采取什么竞争策略？提出哪些结论？（tips：要考虑可操作性）	
【4.收集竞品信息】打算从哪些渠道收集竞品信息？如对竞品做功能拆解、做客户访谈、竞品官网、财报、知乎……		

（6）输出竞品分析报告。竞品分析是在某个特定发展需要场景下，才被提出来的分析要求，它具有极强的针对性。代入产品思维多角度思考产品的用户、使用场景、解决什么样的问题，输出一份完整且直观的竞品分析报告。撰写报告不是简单的产品罗列或优点与缺点的对比，它能体现你的逻辑，还能给出可行性方法论。一份好的报告需要回答以下几个问题：

1）用户是谁？即分析报告的审阅者是谁？

2）使用的场景是什么？即这份报告是在什么场合下使用？如何为用户带来更好的体验？

3）解决什么问题？即通过这次竞品分析的目的可以解决什么问题？报告的建议和观点能否解决？

5.1.5　任务分组

表 5-4　学生任务分配表

5.1.6 自主探究

组号：_____ 姓名：_____ 学号：_____ 检索号：_____

引导问题 1： 阐述竞品分析的概念。

引导问题 2： 简述竞品分析的流程。

引导问题 3： 简述竞品分析的几个维度。

组号：_____ 姓名：_____ 学号：_____ 检索号：_____

引导问题 1： 请自选一个产品作为近期主推产品，为其寻找 1 个竞品，并在产品设计、营销数据等方面进行竞品分析，填写表 5-5。

表 5-5　竞品分析表

		产品情况	竞品情况
选择的产品			
选择的竞品			
分析维度		产品情况	竞品情况
产品设计			
产品价格			
产品卖点			
近 3 个月销售量	淘宝		
	京东		
	抖店		
用户评价总结	好评		
	中评		
	差评		

引导问题 2：请根据竞品分析表完成直播带货竞品画布（表 5-6）。

表 5-6　直播带货竞品画布

直播带货竞品画布	产品名称	制作者
【1.分析目标】为什么要做竞争分析？希望为产品带来什么帮助？ 您的产品所处阶段： 目前您的产品最大的问题与挑战： 竞品分析目标：	【5.优势】与竞品相比，您的产品有哪些优势？（tips：可以结合分析维度）	【6.劣势】与竞品相比，您的产品有哪些缺点？（tips：可以结合分析维度）
【2.选择竞品】竞品名称、版本及选择理由	【7.机会】您的产品有哪些外部机会？	【8.威胁】您的产品有哪些外部威胁？
【3.分析维度】从哪几个角度来分析竞品？如功能、市场策略……（tips：结合产品阶段与分析）	【9.建议与总结】通过竞品分析，对您的产品有什么建议？采取什么竞争策略？提出哪些结论？（tips：要考虑可操作性）	
【4.收集竞品信息】打算从哪些渠道收集竞品信息？如对竞品做功能拆解、做客户访谈、竞品官网、财报、知乎……		

5.1.7 合作研学

任务工作单 5-3

组号：_____ 姓名：_____ 学号：_____ 检索号：_____

引导问题：小组讨论，教师参与，确定任务工作单 5-1、任务工作单 5-2 的最优答案，并检讨自己的不足。

5.1.8 展示赏学

任务工作单 5-4

组号：_____ 姓名：_____ 学号：_____ 检索号：_____

引导问题：每组推荐一个小组长，进行汇报。根据汇报情况，再次评价自己的不足。

5.1.9 评价反馈

任务工作单 5-5
个人自评表

任务工作单 5-6
小组内互评验收表

任务工作单 5-7
小组间互评表

任务工作单 5-8
任务完成情况
评价表

拓展阅读：直播
带货竞品画布
模板

任务 5.2 消费者画像分析

5.2.1 任务描述

请自选产品，构建一份直播消费者画像思维导图（图 5-2）。

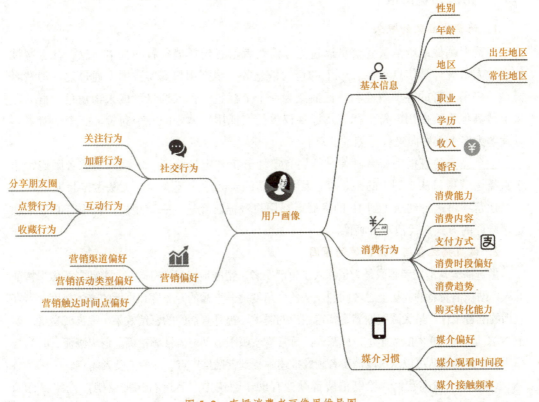

图 5-2 直播消费者画像思维导图

5.2.2 学习目标

1. 知识目标
（1）掌握消费者画像的概念及核心价值。
（2）掌握直播消费者画像的方法。

2. 能力目标
（1）能够根据消费者画像的目的提炼适合的标签体系。
（2）能够绘制消费者画像思维导图。

3. 素养目标
（1）培养学生的动手能力及数据分析能力。
（2）培养学生的视觉化、图表化表达能力。
（3）培养学生分析问题、解决问题的能力。

（4）培养学生的逻辑思维。

5.2.3　重点难点

（1）重点：构建直播活动消费者画像分析报告。

（2）难点：根据消费者画像制定直播运营策略。

5.2.4　相关知识链接

1. 消费者画像的概念

消费者画像即给消费者信息标签化。消费者信息包括消费者的基本信息、社会属性信息、人口统计学信息和在App上的行为信息等。根据用户真实数据，通过建立消费者模型，将消费者的各项属性和特征抽象为一个个标签，代入场景形成人物角色（群），供上游其他系统使用。每个标签及标签权重是表征用户偏好的一个向量，一个消费者可以理解为多个偏好向量（标签）的总和。

一个完整的直播消费者画像，需要有定性分析和定量验证。定性的消费者画像常用于直播运营项目从0到1的探索期，因为产品的实际用户还太少，无法做定量验证。当直播运营项目进行到从1到10的发展期，用户数据已经达到一定规模，就很有必要采取定量验证的方式迭代消费者画像。

2. 做直播运营消费者画像的原因

做直播运营消费者画像是为了深入了解消费者，精准地捕捉到有同一"消费者画像"特征的人，站在消费者的立场上思考问题，从各个角度提升直播的专业度和直播的整体热度，做好直播的准备工作，最大限度地满足特定用户的需求，提升直播间的营销效果，提高成交量。如王××是一位20岁的大学生，成都人，日常喜欢极限运动与短视频拍摄，追求潮流、时尚与品质……直播团队可以从这段消费者画像描述中找到营销推广点，击中消费者痛点。

（1）实现精准营销。绘制消费者画像有助于营销推广者进行精准营销，选定目标消费者，从而再次细分用户群体，围绕受众获取新用户、了解市场需求、设计直播电商营销活动进行匹配，通过私域运营于直播战略反复触达用户，完成优质"种草"（是指给某人安利一件商品，激发其购买欲望）。

（2）提高服务水平。数据是非常珍贵的"财富"。消费者画像分析可以统计消费者各方面信息，帮助直播团队全面了解消费者，如人群消费习惯、消费偏好等。直播团队从直播选品、直播预热到直播场景布置及产品话术等方面，提升高度，将幕前、幕后工作做到极致，使用户观看直播时心情愉悦、舒畅。

（3）提升营销效果。以消费者为中心，直播团队会根据产品的特性，战略性开展产品在线介绍、展示、互动等操作，让消费者可以直观感受商品的真实性，明确产品是否符合自身需求，提升成交率的同时也能降低退货率。帮助商家达成品牌形象塑造、提升产品销量、清理库存等商业目的。

3. 消费者画像构建流程及方法

建立消费者画像可以按照图5-3所示的步骤进行。

图 5-3　建立消费者画像流程

（1）明确业务需求。明确业务需求也是最为关键的一步，在创建消费者画像前，一定要搞清楚业务方的需求及要解决的问题（图 5-4）。

图 5-4　明确业务需求

直播团队和品牌方创建核心团队，一起完成消费者画像前期相关工作，共同研究所属的企业，评估企业、部门或产品的问题和需求。如品牌形象塑造、提升产品销量、清理库存等。品牌方可以提供已有的适合企业和项目的消费者画像及已完成的初步研究和相关数据等。一旦了解了需要消费者画像解决的问题，就能从消费者身上的众多标签中挑选出符合本次活动需求的标签，战略性思考如何在项目合作中运用消费者画像。

基于此，可以把业务目标和要解决的问题进行梳理，如图 5-5 所示。

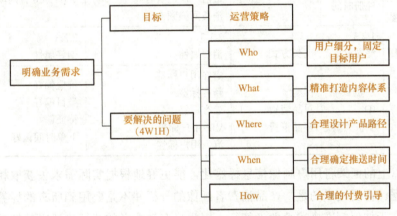

图 5-5　业务目标和要解决的问题

（2）采集数据。在明确企业本次活动任务后，直播团队便可以开始组织收集消费者信息数据。采集数据可以通过 Google、社交平台、问卷调查等背调工具开展，围绕静态数据与动态数据两部分。静态数据就是关于用户的静态信息，该信息长时间内固定不变，如人口属性、社会属性及生活爱好等信息；动态数据随着用户生活的变化而发生变化，具体包括用户打开媒体的访问时长、访问次数、访问频次等（表 5-7）。

表 5-7　消费者数据调研内容（参考）

消费者数据调研内容（直播带货）				
1．静态数据			2．动态数据	
1.1 人口属性	1.2 社会属性	1.3 生活爱好	2.1 消费场景	2.2 媒体习惯／行为
1.1.1 基本属性	1.2.1 公司	1.3.1 信息渠道	2.1.1 消费渠道	2.2.1 活跃属性

消费者数据调研内容（直播带货）				
1．静态数据			2．动态数据	
姓名 性别 生日 籍贯 婚姻 学历	公司 ID 工作地点 公司行业 公司职位 收入	直播 官网 社交媒体	电商 微商 线下专卖店 商场超市	3/7/15/30 日内登录次数 3/7/15/30 日内登录时长 3/7/15/30 日内登录深度
1.1.2 家庭属性	1.2.2 注册	1.3.2 品牌偏好	2.1.2 消费周期	2.2.2 行为属性
家庭组 ID 家庭类型 家庭人数 家庭小孩标签 家庭老人标签 家庭汽车标签	手机 邮箱 注册渠道 注册方式 注册时间	国际名牌 国内名牌	3/7/15/30 日消费金额 3/7/15/30 日消费次数 3/7/15/30 日消费广度 首次消费时间 最后一次消费时间 消费间隔频次	3/7/15/30 日内评价数 3/7/15/30 日内点赞数 3/7/15/30 日内收藏数 3/7/15/30 日内浏览数
	1.2.3 终端设备	1.3.3 购买方式	2.1.3 消费属性	2.2.3 偏好属性
	手机设备 ID 手机类型	团购 单品消费 多品消费	潜在用户标签 新客标签 老客标签 VIP 用户标签 流失用户标签	价值偏好 类目偏好 特征偏好 下单时间偏好

　　按照以上的框架将用户画像信息标签化，能更好地根据实际需求去获取相关的消费者画像数据。需要注意的是，产品消费者画像的分析并不是要用到所有的标签数据，更大的难度在于如何精准描述消费者特征。因为只有消费者的特征描述得越精准，得到的消费者画像才会越清晰，在实际应用过程中的帮助越大。所以，如何精确计算出消费者标签的权重就成为重中之重。

　　其中，用户的偏好包括用户的兴趣爱好和消费特征等较为个性化的内容，对应的问题有"他们有什么消费偏好？""他们愿意花多少钱购买直播间产品？""他们喜欢什么风格的服装／音乐／文章？"等。

　　用户的兴趣爱好和消费特征可以通过用户在线上、线下消费的习惯、偏好、频次、金额、时间等要素进行分析，包括以下几个方面：

　　1）用户偏好的信息渠道，如直播、官网、社交媒体等。

　　2）用户偏好的互动方式，如转发、点赞、线上活动等。

　　3）用户偏好的购买方式，如团购、单品消费、多品同时消费等。

　　4）用户偏好的购买渠道，如电商、微商、线下专卖店、商场超市等。

　　5）用户偏好的优惠方式，如秒杀、赠券、免减等。

　　6）用户偏好的品牌，如国际名牌、国内名牌、品牌的风格和档次等。

7）用户对推广营销方式的偏好。

8）用户偏好的支付方式，如在线支付、货到付款等。

9）用户的产品使用偏好，如使用时段、使用频率、是否有替代品、个性化设置等。

（3）整理数据。整理数据即数据清洗，根据业务需求把有用的数据信息统一整理，直播运营消费者画像大致通过品牌形象塑造、提升产品销量、清理库存等营销目的开展。整理数据可以 Excel 表格呈现，也可以思维导图呈现。

（4）构建画像。根据已整理的消费者信息数据生成精准的消费者画像。针对直播运营的落地，直播团队通过多个标签的组合形成一个用户群组，方便执行。当直播运营项目进行到从 1 到 10 的发展期，用户数据已经达到一定规模，围绕本平台的动态数据开展定量验证，迭代消费者画像。

5.2.5　任务分组

表 5-8　学生任务
分配表

5.2.6　自主探究

任务工作单 5-9

组号：_____　姓名：_____　学号：_____　检索号：_____

引导问题 1：阐述消费者画像的概念及意义。

　

引导问题 2：阐述构建消费者画像的步骤。

引导问题 3: 阐述静态数据和动态数据的定义,并举例说明。

任务工作单 5-10

组号: _____ 姓名: _____ 学号: _____ 检索号: _____

案例引入:

如果你的产品是无糖饮料,消费者群体之一是"00后"群体。请你利用互联网工具查询行业报告网站,分析概括"00后"的消费者群体的特征,并填写表5-9,绘制一份直播消费者画像思维导图。

分析研究报告常用查询网站有克劳锐、艾瑞网、199IT互联网数据中心、中国互联网络信息中心、国家宏观经济数据、腾讯大数据、阿里行业研究报告、网易UED用户研究报告、优酷指数行业报告等。

引导问题 1: 根据1~3个平台的行业报告,填写"00后"大学生群体电商直播行业报告分析表(表5-9)。

表5-9 "00后"大学生群体电商直播行业报告分析表

选择的产品		
报告下载平台	报告标题	报告中关于"00后"大学生群体的电商直播特征描述
"00后"大学生群体人群电商直播特征汇总		

引导问题 2：根据引导问题 1 绘制一份直播消费者画像思维导图。

5.2.7 合作研学

任务工作单 5-11

组号：_____ 姓名：_____ 学号：_____ 检索号：_____

引导问题：小组讨论，教师参与，确定任务工作单 5-9、任务工作单 5-10 的最优答案，并检讨自己的不足。

5.2.8 展示赏学

任务工作单 5-12

组号：_____ 姓名：_____ 学号：_____ 检索号：_____

引导问题：每组推荐一个小组长，进行汇报。根据汇报情况，再次评价自己的不足。

5.2.9 评价反馈

任务工作单 5-13 个人自评表	任务工作单 5-14 小组内互评验收表	任务工作单 5-15 小组间互评表	任务工作单 5-16 任务完成情况评价表	拓展阅读：新青年消费报告（行业报告来自克劳锐第三方机构）

任务 5.3　FABE 法则学习

5.3.1　任务描述

运用 FABE 法则分析产品，完成直播营销呈现架构表（表 5-10）。

表 5-10　直播营销呈现架构表

产品名称：			制作者：	
产品	步骤一 呈现 利益 B	步骤二 列举 证据 E	步骤三 呈现 3 个 优点 A	步骤四 用特征 F 弥补优点不足

5.3.2　学习目标

1. 知识目标

（1）掌握 FABE 法则的概念。

（2）掌握 FABE 法则的使用方法。

2. 能力目标

（1）能够运用 FABE 法则对不同产品进行分析。

（2）能够使用 FABE 法则提炼产品卖点。

3. 素养目标

（1）培养学生资源查找、整合的能力。

（2）培养学生讲原则、守规矩的意识。

（3）培养学生实事求是、精益求精的工作作风。

（4）培养学生的自我学习能力。

5.3.3　重点难点

（1）重点：FABE 法则的使用方法。

（2）难点：运用 FABE 法则准确提炼产品卖点。

5.3.4　相关知识链接

1. FABE 法则的概念

FABE 法则也称 FABE 销售法则，是一种销售模式。通过分析产品的四个关键环节，解决用户需求，巧妙地处理好用户关心的问题，从而实现产品卖点销售诉求。FABE 法则是对产品属性分解的一个非常实用的工具（图 5-6）。

图 5-6　FABE 法则

（1）F 代表特征（Features）。F 是产品的不同之处，如功能用途、技术参数、外观材质、内容属性等客观描述。简单来说，即产品哪些方面比较突出，如产地、工艺、材料方面突出；这些比较突出的特征给客户带来的好处。特征一般是与自己比，在自己的所属特征中挖掘出最好的。

例如，女士纯棉春秋款睡衣，在产品自身的特征中横向比较后突出的特征：材质是新疆棉，工艺是简约设计，品质是严格质检。这些突出的特征给客户带来的好处：纯棉→亲肤、舒适，简约设计→可居家、可外穿，严格质检→质量好（表 5-11）。

表 5-11　F 代表特征（Features）

产品	纯棉睡衣		
与自己比较后突出的特征	材质是新疆棉	工艺是简约设计	品质是严格质检
给客户带来的好处	亲肤、舒适	可居家、可外穿	质量好

（2）A 代表优点（Advantages）。产品的优点是与其他同类产品相比的优点和优势，决定消费者购买的最直接的理由。一是产品与对手比，比对手强的，如更管用、更温馨、更高档、更保险；二是比对手强，还能给客户带来好处。依托前面关于竞品分析、消费者画像的知识内容，横纵向分析归纳产品的优点要素。

例如，黄渤给人人车代言的广告，人人车与对手（瓜子、优信）比，较强的优点是没有黄牛，14 天可退。这些比对手强的，给客户带来的好处：没有黄牛→划算，14 天可退→靠谱（表 5-12）。

表 5-12　A 代表优点（Advantages）

产品	人人车	
比对手强的地方	没有黄牛	14 天可退
给客户带来的好处	划算	靠谱

（3）B 代表利益（Benefits）。产品给消费者带来的利益，如功能利益、情感利益、经济利益，消费者使用本产品的实际效用和影响。换而言之，给用户带来的好处，解决用户的痛点即解决方案（图 5-7）。

B 代表利益（Benefits）
利益=好处=解决方案

图 5-7　B 代表利益（Benefits）

例如，睡衣的亲肤、外穿和严选优品；人人车的划算和靠谱。

（4）E代表证据（Evidence）。E代表证据即证明，是指用事实给用户证明，就是证明F特征、A优点、B利益成立的所有条件。如直播曝光率、点击量、停留量、互动量、下单量等市场数据，媒体报道、权威报告、官方照片、用户反馈等都属于证据（图5-8）。

E代表证据（Evidence）
就是证明F特征、A优点及B利益成立的所有条件

购买人数	评价人数	好评率	用户反馈	资质

图 5-8　E代表证据（Evidence）

2. FABE法则的运用

（1）产品属性分解。根据FABE法则拟订营销呈现架构表（表5-13），由产品视角转换为客户视角，梳理产品属性，分解出呈现利益、呈现优点、选用特征和列举证据四个步骤。只有对产品足够了解，才能将产品与众不同的闪光点融入文案中，创作出能被用户普遍认可的品牌文案。

表5-13　营销呈现架构表

产品名称：			制作者：	
产品	步骤一 呈现B利益	步骤二 呈现3个A优点	步骤三 选用F特征弥补优点不足	步骤四 列举E证据
		①优点1 ②优点2 ③优点3	①弥补特征1 ②弥补特征2 ③弥补特征3	

步骤一：呈现B利益（Benefits），站在用户视角，把给用户的好处讲清楚。

步骤二：呈现3个A优点（Advantages）。呈现好处之后，用户可能会产生疑虑："这个产品真的这么好吗？不会又是一次夸大宣传吧？"所以，需要紧接着给出论证和支撑产品好处的条件A优点，列举3个即可，多了用户也记不住，而且会给用户的记忆造成负担。

步骤三：选用F特征（Features）来弥补优点不足。如果列举的优点不足3个，那还需要有特征弥补。准确地说，优点不足就是解决方案不给力（内部能力建设要努力）。

优点是比对手强，是与对手比；特征是与自己比，是自己的诸多方面中比较强的。两者的参照物完全不同。如果你比对手的强点不足，用特征来弥补，意味着你所拿来弥补的特征，对手也很强，那么用户在选择时，容易把你刷掉。

步骤四：列举E证据（Evidence）。整体的包装呈现完成后，用户还会有疑虑："你表达出来的这些东西都不错，环环相扣的，但都是真的吗？"所以还需要给出有力的证据。

（2）FABE法则案例分析。

案例1：真皮沙发营销呈现架构表填写（表5-14）。

表 5-14　真皮沙发营销呈现架构表

产品名称：直皮沙发			制作者：	
产品	步骤一 呈现 B 利益	步骤二 呈现 3 个 A 优点	步骤三 选用 F 特征弥补优点不足	步骤四 列举 E 证据
真皮沙发	高颜值真皮沙发，头等舱的坐感，终生坐塌换新	1. 滚条装饰边，反复推敲评测，兼具空间美学，细节和质感拉满。 2. 加拿大进口白松，105°舒适角度，随时舒缓疲惫。 3. 全球独家，采用环保海绵，多层次填充，细致考究	皮料来自意大利小黄牛脊背皮，比普通黄牛皮经久耐用，有岁月厚度。工艺是 105°舒适角度，身心放松。环保海绵分层设计，沙发靠背和扶手处为竹炭海绵，坐面采用大豆海绵，回弹性好。主框架是加拿大进口白松（对手是小兴安岭松木）	月销量冠军款，近一年零退货率。有×××证书和质检报告

案例 2：×× 红糖产品营销呈现架构表填写（表 5-15）。

表 5-15　×× 红糖产品营销呈现架构表

产品名称：红糖			制作者：	
产品	步骤一 呈现 B 利益	步骤二 呈现 3 个 A 优点	步骤三 选用 F 特征弥补优点不足	步骤四 列举 E 证据
×× 红糖	安全可靠，备孕的佳选；经期驱寒散瘀，通经活血	1. 安全无污染，无添加，无杂质； 2. ×× 红糖补充能量； 3. 补充必要的微量元素	原料来自天然有机种植基地，甘蔗能量足，富含高倍叶酸、铁钾等元素	已经有×× 数量的备孕女性在食用；妇幼保健院的保健医生都说此红糖好。50 个用户使用后，都给予高度评价。有××× 证书和微量元素检验报告

（3）商品卖点提炼。通过营销呈现架构模板表的梳理，即已提炼出有说服力、有竞争力的商品卖点。接下来可以根据营销目的，进行营销包装的呈现，包括直播话术、直播预告广告、宣传文案、短视频内容，帮助目标用户快速感知营销意图。

1）什么是商品卖点。卖点是指所卖的商品具备了前所未有、别出心裁或与众不同的特色、特点。为商品提炼一个核心有力的卖点，势必要充分洞悉消费者现实痛点的使用场景，了解消费者的真实需求，找出能直接解决消费者痛点的商品功能点，加以包装，形成商品卖点。说出消费者的诉求，与消费者产生共鸣，简单来说就是，说好话，说对话，说到消费者心坎里的话。

同质化严重的商品，明确争夺和抢占客户使用场景的对手，提炼差异化卖点，即与竞争对手的卖点不同，这种不同可以是人无你有，人有你优。如果市场上已经出现了该卖点品类占领用户心智的情况，尽量避免正面对抗，可以重新提炼新的卖点，进入新的细分市场，符合用户的需求是多样化的现状。

2）案例分析。以"拇指伞"商品为例，该商品解决老款伞笨重懒得携带的问题，在同类目商品中强调比手机更小的无感卖点。运用 FABE 法则提炼营销呈现架构表见表 5-16。

表 5-16 运用 FABE 法则提炼营销呈现架构表

营销呈现架构表商品名称：拇指伞			制作者：
产品	步骤一 呈现 B 利益	步骤二 呈现 3 个 A 优点	步骤三 选用 F 特征来弥补优点不足	步骤四 列举 E 证据
拇指口袋伞	比手机更小、更轻的拇指伞	1. 140 g、15 cm 无感型，比手机更轻，比手机更小，零感、便携； 2. 碳纤维抗暴伞架，抗大风暴； 3. 专业钛防晒，物理降温更明显	UPF50+ 技术抵御皮肤光老化，紫外线阻碍率≥99.9%；高效隔热，伞下降温 18 ℃；纳米拒水黑科技，遇水即干，晴雨两用	手机和雨伞的对比展示；专业仪器测试质量、防晒实力

话术提炼：宝宝们，我们这款拇指伞是采用××材质制作的，抗风、防水和防晒等级高。非常小巧，质量比手机更轻，随身/随包携带都是没问题的，不占用空间。（展示）宝宝们可以看下，这款拇指伞比我手上的手机还小，打开以后大小非常适中。

广告语提炼：方案 1，零感便携专治懒得带伞；方案 2，比手机更小更轻的拇指伞。

5.3.5　任务分组

表 5-17　学生任务分配表

5.3.6　自主探究

任务工作单 5-17

组号：＿＿＿＿　姓名：＿＿＿＿　学号：＿＿＿＿　检索号：＿＿＿＿

引导问题 1：阐述 FABE 法则的概念及内涵。

引导问题 2：描述产品营销呈现的步骤。

任务工作单 5-18

组号：_____　姓名：_____　学号：_____　检索号：_____

案例引入：

请在淘宝天猫店找 3 个不同类目的产品，对其进行 FABE 分析和产品属性梳理，完成如下题目。以小组为单位开展头脑风暴，无限制地自由联想和讨论，激发新观念或创新设想。

引导问题 1：请分析整理小组讨论结果，完成产品营销呈现，填写表 5-18。

表 5-18　营销呈现架构表

制作者：				
产品名称	步骤一 呈现 B 利益	步骤二 呈现 3 个 A 优点	步骤三 用 F 特征来弥补优点不足	步骤四 列举 E 证据

引导问题 2：请分别为以上三个产品提炼一个核心有力的卖点，充分洞悉消费者的痛点、使用场景和竞争对手，作为后期直播预告广告的独特的销售主张文案，填写表 5-19。

表 5-19　产品卖点提炼列表

产品名称	消费者画像	产品名称	产品卖点	产品卖点提炼

5.3.7 合作研学

任务工作单 5-19

组号：_____　姓名：_____　学号：_____　检索号：_____

引导问题：小组讨论，教师参与，确定任务工作单 5-17、任务工作单 5-18 的最优答案，并检讨自己的不足。

5.3.8 展示赏学

任务工作单 5-20

组号：_____　姓名：_____　学号：_____　检索号：_____

引导问题：每组推荐一个小组长，进行汇报。根据汇报情况，再次评价自己的不足。

5.3.9 评价反馈

任务工作单 5-21 个人自评表	任务工作单 5-22 小组内互评验收表	任务工作单 5-23 小组间互评表	任务工作单 5-24 任务完成情况评价表	拓展阅读：FABE 法则：营销呈现架构表

项目6　选品及排品确定

任务6.1　主题模式和人设选择

6.1.1　任务描述

查阅资料，说出不同的直播主题，简述不同直播主题的特点、目标人群及适合的产品类型，列举常见的主播人设并完成主播人设分类表的填写（表6-1）。

表6-1　主播人设分类表

主播类型	优点	缺点	适合产品	适合平台

6.1.2　学习目标

1. 知识目标

（1）了解直播主题分类。

（2）掌握不同直播主题的特点。

2. 能力目标

（1）能够对主播人设进行分类。

（2）能够分析不同主播人设的优点、缺点、适合的产品及适合的平台。

3. 素养目标

（1）培养学生的审美意识。

（2）培养学生的互联网思维。

6.1.3　重点难点

（1）重点：直播主题分类；不同直播主题的特点。

（2）难点：对主播人设进行分类；分析不同主播人设的优点、缺点、适合的产品及适合的平台。

6.1.4　相关知识链接

在直播过程中，商品方面经常出现的问题是款式不多、利用率不高、单品销量不够等，其实这是因为主播没有把商品根据符合直播需求的逻辑进行合理化的细分，从而导致直播数据在混乱的商品配置中不断循环。要想扭转这种局面，主播一定要对直播间里的商品进行精细化配置与管理。

（1）确定直播主题。直播主题见表6-2。

表6-2　直播主题

直播主题的类型	具体内容
场合主题	休闲、办公、聚会等
活动主题	上新、打折、节日等
搭配的重点	具体内容
风格搭配	主播风格、人群风格、道具风格
套系搭配	单品搭配、一衣多搭、配饰搭配

（2）规划商品需求。规划商品需求见表6-3。

表6-3　规划商品需求

直播日期	主题	商品数量/件	商品特征	辅推商品
6月16日	夏至出游拍照必学穿搭	500	透气性能好，穿着舒适，色彩鲜艳	平跟凉鞋、遮阳帽、太阳镜、泳衣
6月17日	遇到心动男生，打造自身魅力	1 000	显瘦款、裙装为主	高跟鞋、饰品、包包
6月18日	9.9元包邮"宠粉"活动（项链）	500	小巧精致、凸显气质	耳坠、口红、裙装

（3）规划商品配置比例。在规划商品配置比例时，主播要记住三大要素，即商品组合、价格区间和库存配置（图6-1）。

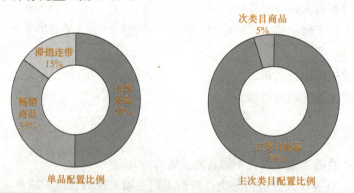

直播商品总数	主类目商品 95 款					次类目商品 5 款
	主推商品 47~48 款		畅销单品 28~29 款		滞销单品	A 款、B 款、C 款、D 款、E 款
	新品数量	预留数量	新品数量	预留数量		
100 款	36~37 款	10~11 款	13~14 款	20 款	13 款	

图6-1　规划商品配置比例

（4）保持商品更新。一场直播更新的商品总数至少要达到整场直播总商品数量的50%。其中，更新的主推商品占80%，更新的畅销单品占20%。

（5）把控商品价格与库存。主播在设置价格区间时，要根据商品的原始成本加上合理的利润，再加上一些其他的费用进行设置。设置价格区间时，如果同类商品只是颜色、属性不同，价格差距不应太大。库存配置的一个重要原则是"保持饥饿"。主播要根据不同场观（单场直播的总观看人数）和当前在线人数配置不同的库存数量，使直播间始终保持抢购的状态。要想保持"饥饿"状态，库存数量要一直低于在线人数至少50%。如果条件允许，主播可以直接设置店铺库存来配合直播的库存需求。

（6）已播商品预留和返场。主播要根据商品配置，在所有已直播的商品中选出至少10%的优质商品作为预留和返场商品，并应用到以下几个场景中：第一，日常直播一周后的返场直播，将返场商品在新流量中转化；第二，当部分商品因特殊情况无法及时到位时，将预留商品作为应急补充；第三，遇到节庆促销日时，将返场商品作为活动商品再次上架。

6.1.5　任务分组

表 6-4　学生任务分配表

6.1.6　自主探究

任务工作单 6-1

组号：_____　　姓名：_____　　学号：_____　　检索号：_____

引导问题 1：查阅相关资料，简述直播主题有哪些。

引导问题 2：选择某一直播主题，简述直播主题特点、目标人群及适合的产品类型。

任务工作单 6-2

组号：_____ 姓名：_____ 学号：_____ 检索号：_____

引导问题 1：列举常见的主播人设。

引导问题 2：完成主播人设分类表（表 6-5）的填写。

表 6-5 主播人设分类表

主播类型	优点	缺点	适合产品	适合平台

6.1.7 合作研学

任务工作单 6-3

组号：_____ 姓名：_____ 学号：_____ 检索号：_____

引导问题：小组讨论，教师参与，确定任务工作单 6-1、任务工作单 6-2 的最优答案，并检讨自己的不足。

6.1.8 展示赏学

任务工作单 6-4

组号：_____ 姓名：_____ 学号：_____ 检索号：_____

引导问题：每组推荐一个小组长，进行汇报。根据汇报情况，再次评价自己的不足。

6.1.9 评价反馈

任务工作单 6-5
个人自评表

任务工作单 6-6
小组内互评验收表

任务工作单 6-7
小组间互评表

任务工作单 6-8
任务完成情况评价表

任务 6.2　直播产品和产品定位确定

6.2.1　任务描述

了解引流款、爆款、利润款的定义，计算佣金，区别引流款、利润款和爆款产品的特点，根据直播主题及主播人设，完成电商直播选品表的填写（表 6-6）。

6.2.2　学习目标

1. 知识目标
掌握引流款、爆款、利润款的定义。

2. 能力目标
（1）能够将产品分成引流款、利润款和爆款。

（2）能够对不同定位的产品进行排序。

3. 素养目标
（1）培养学生的审美意识。

（2）培养学生的逻辑思维。

6.2.3　重点难点

（1）重点：引流款、爆款、利润款的定义。

（2）难点：将产品分成引流款、利润款和爆款；对不同定位的产品进行排序。

6.2.4　相关知识链接

一名优秀的直播运营者，要懂得合理规划直播间内的商品结构，商品结构规划不仅会影响直播间的销售业绩，还会影响直播间抵御风险的能力。通常，一个直播间内的商品应该包括印象款、引流款、福利款、利润款、品质款五种类型。这五种不同类型的商品在直播间里分别担任不同的角色，发挥着不同的作用。

（1）印象款。印象款是指促成直播间第一次交易的商品。适合作为印象款的商品可以是高性价比、低客单价的常规商品。印象款的特点是实用，且人群覆盖面广。

表 6-6 电商直播选品表

展示顺序	提报人	产品图片	产品名称	日常价	直播价	坑位费	佣金	是否推荐	推荐理由（1.品牌力；2.历史数据；3.个人感悟）	是否需要保量	是否接收	是否上播	合作进度	合作公司	产品定位
1															
2															
3															
4															
5															

（2）引流款。引流款的商品的价格比较低，毛利率属于中间水平。引流款一定要是大众商品，要能被大多数用户接受。引流款一般放在直播的开始阶段，如1元包邮、9.9元包邮等。有的主播会特地将某一场直播设置为全场低价包邮。

（3）福利款。福利款一般是粉丝专属，也就是所谓的"宠粉款"。直播间的用户需要加入粉丝团以后，才有机会抢购福利款。主播在做福利款时，有的是直接免费送某款商品，回馈粉丝；有的是将某款商品做成低价款，如"原价99元，今天'宠粉'，9.9元秒杀，限量1万件"，以此来激发粉丝们的购买热情。

（4）利润款。主播一定要推出利润款来实现盈利，且利润款在所有商品中要占较高的比例。利润款应适用于目标群体中某一特定的小众群体，这些人追求个性，所以，这部分商品突出的卖点及特点必须符合这一部分小众群体的心理。利润款有两种定价模式：一种是直接对单品定价，如"59元买一发二""129元买一发三"等；另一种是对组合商品定价，如护肤套盒、服装三件套等。利润款要等到"引流款"将直播间人气提升到一定高度以后再引入，在直播间氛围良好的时候推荐利润款，趁热打铁，这样更容易促成用户成交，提高转化率。

（5）品质款。品质款又称战略款、形象款，它承担着提供信任背书、提升品牌形象的作用。品质款的意义在于引导用户驻足观看，但又让用户觉得价格和价值略高于预期，所以，品质款要选择一些高品质、高格调、高客单价的小众商品。

6.2.5　任务分组

表6-7　学生任务分配表

6.2.6　自主探究

任务工作单6-9

组号：_____　姓名：_____　学号：_____　检索号：_____

引导问题：简述引流款、爆款、利润款的定义。

<h2 style="text-align:center">任务工作单 6-10</h2>

组号：_____ 姓名：_____ 学号：_____ 检索号：_____

引导问题 1：简述引流款、利润款和爆款产品的特点。

引导问题 2：完成选品表（表 6-8）的填写。

6.2.7 合作研学

<h2 style="text-align:center">任务工作单 6-11</h2>

组号：_____ 姓名：_____ 学号：_____ 检索号：_____

引导问题：小组讨论，教师参与，确定任务工作单 6-9、任务工作单 6-10 的最优答案，并检讨自己的不足。

6.2.8 展示赏学

<h2 style="text-align:center">任务工作单 6-12</h2>

组号：_____ 姓名：_____ 学号：_____ 检索号：_____

引导问题：每组推荐一个小组长，进行汇报。根据汇报情况，再次评价自己的不足。

6.2.9 评价反馈

任务工作单 6-13　　任务工作单 6-14　　任务工作单 6-15　　任务工作单 6-16
个人自评表　　　小组内互评验收表　　小组间互评表　　任务完成情况评价表

表 6-8 电商直播选品表

展示顺序	提报人	产品图片	产品名称	日常价	直播价	坑位费	佣金	是否推荐	推荐理由（1.品牌力；2.历史数据；3.个人感悟）	是否需要保量	是否接收	是否上播	合作进度	合作公司	产品定位
1															
2															
3															
4															
5															

任务 6.3　提报表单制作

6.3.1　任务描述

完成表 6-9 电商直播产品提报表单的填写。

6.3.2　学习目标

1. 知识目标

（1）掌握 UGC、PGC、ACU 等行业术语的概念。

（2）掌握直播间选品原则和步骤。

2. 能力目标

（1）能够运用各类电商平台和数据分析平台分析提报表单存在的问题。

（2）能够通过收集有效信息制作电商直播产品提报表单。

3. 素养目标

（1）培养学生的美学意识和人性化关怀。

（2）培养学生实事求是的工作作风。

6.3.3　重点难点

（1）重点：UGC、PGC、ACU 等行业术语的概念；直播间选品原则和步骤。

（2）难点：运用各类电商平台和数据分析平台分析提报表单存在的问题；通过收集有效信息制作电商直播产品提报表单。

6.3.4　相关知识链接

电商直播产品提报表单制作包括电商直播行业术语、直播间选品原则、直播间选品步骤等。

1. 电商直播行业术语的概念

（1）UGC（User-generated Content）：用户生产内容，即用户原创内容，也称 UCC（User-created Content）。

（2）PGC（Professional Generated Content）：专业生产内容。例如，优酷、腾讯视频、爱奇艺等都自制视频内容，也称为 PPC（Professionally-produced Content）。

（3）OGC（Occupationally-generated Content）：职业生产内容，内容生产主体是具有一定知识和专业背景的行业人士，他们参与生产并领取相应报酬。

（4）KOL（Key Opinion Leader）：关键意见领袖，通俗地讲就是所说的大 V。

（5）KOC（Key Opinion Consumer）："关键意见消费者"，顾名思义，KOC 虽不能称为意见领袖，但在垂直用户中拥有较大的决策影响力，在某些平台的带货能力强。可以理解为粉丝量较少的 KOL，通俗地讲就是某领域的"发烧友"（对某些事物具有特别爱好的人群的统称）、平常人。

表 6-9 电商直播产品提报表单

注意事项：
（合作几款产品就填写几款产品，包含主品和秒杀款）
以下信息辛苦各位商家依次填写（每项必须填写清楚，且给予确定信息）

邮寄地址：（消耗品每个需3份）
样品邮寄地址：
电话：
地址：
样品管理员：
电话：

序号	店铺名称	商品ID	推荐理由	商品图片	商品名称	规格	日常价	直播价	佣金	福利机制	链接	库存（单个库存）	货值	发货周期	产品质保年限	是否支持分期	物流货品所在仓库	备注（秒杀备注）	店铺评分
			1.品牌历史及故事；2.历史数据（谁播过、播过多少单、播过多少GMV，什么时候播的，在哪个平台合播）：信息越详细，选品概率越大																
1																			
2																			
3																			
4																			
5																			
6																			

（6）MCN 机构：运营 MCN 模式的机构，MCN 源于国外成熟的网红经济运作，其本质是一个多频道网络的产品形态，将 PGC（也就是专业生产内容）内容联合起来，在资本的有力支持下，保障内容的持续输出，从而最终实现商业的稳定变现。

（7）样品：能够代表商品品质的少量实物。

（8）PCU（Peak Concurrent Users）：互联网术语，意思是最高同时在线人数。

（9）ACU（Average Concurrent Users）：平均同时在线人数。

（10）品类 TGI：品类的月度消费热度指数，数值越大说明该品类在某月份较全年总体的热卖程度越高，TGI= 品类当月成交占比 / 平台当月成交占比 ×100%。

2. 直播间选品原则

直播间的选品，即确定直播间要销售的商品。无论零售行业如何变革，营销方式如何升级，"人、货、场"都是永恒不变的营销三要素。其中，"货"尤其重要。从某种程度而言，选品的成功，间接地决定了一场卖货直播的成功；同理，选品的失败，也必然会导致卖货直播的失败。因此，直播团队进行选品时不可跟风，要根据自己的情况仔细分析、认真筛选。

（1）选品的三个维度。通常情况下，直播团队选品时需要从直播营销目标、市场需求、季节与时节三个维度进行考虑。

1）直播营销目标。直播团队在不同的阶段可能会有不同的营销目标。例如，在缺乏影响力时，直播团队可能希望先通过定期的高频率直播来提升主播和直播间的影响力；而已经拥有一定粉丝量的直播团队，可能更希望尽快获取更多的营销收益。对于不同营销目标，直播团队采用的选品策略也不同。

2）市场需求。通俗而言，就是判断有多少人在多大程度上需要一个商品。判断市场需求有两个维度：一是需要使用的人数；二是需要使用的程度。需要使用的人数多，那就是大众需求；否则就是小众需求。

3）季节与时节。直播营销中的很多"大众刚需"型品类都会受到季节与时节的影响呈现旺季和淡季之分。对于这些商品，直播团队需要对以下问题予以判断：

①多久更新一次商品？

②在什么时间淘汰什么商品？

③在什么时间进行直播间的清场促销？

④在什么时间对直播间商品进行整体更新换代？

（2）选品的四个基本标准。

1）质量轻、体积小，便于发货。质量轻、体积小的产品竞争相对激烈，利润也相对较低；相较于大件产品，这类产品的发货成本低，人力成本低，便于展示。

2）刚需。"刚需"产品不仅更容易被用户接受，而且更有利于商家打造爆品，同时，也不容易造成库存的积压。

3）不侵权。在电商运营的过程中，只要主播选择并销售了侵权的产品，就等于给自己埋下了一颗炸弹，这颗炸弹不炸则已，一炸便会带来毁灭性的打击。

4）低频使用产品。低频使用产品是指使用次数相对较少的产品，如螺钉旋具、雨伞、烘干机等。一个产品被使用的次数越多，它磨损和损坏的概率就越大，相应地，它就越容易出现问题。

（3）选品的二元思维。

1）选品的用户思维。不同的用户群体有不同的消费偏好。直播团队只有把握直播间用户的消费偏好，按需选品，才能更容易地实现营销目标。

①不同年龄用户群体的消费偏好及选品特点。如果按照年龄层的不同进行划分，可以将用户群体分为少年、青年人、中年人和老年人四个群体。各自的消费偏好如下：

a．少年。少年基本上没有消费能力，几乎所有消费需求由父母来代为实现。但他们有自己的消费偏好，喜欢跟随同龄人的购买行为，且受视觉化宣传的影响较大。在进行商品选购时，不太考虑实际需求，更看重商品的外观，认为新奇、独特的商品更有吸引力。

b．青年人。青年人追求时尚和新颖，喜欢购买能代表新生活方式的新商品。他们的自我意识较强，很多时候，都力图表现自我个性，因此，喜欢购买一些具有特色的、体现个性的商品。青年人为人处世一般更偏重感情，容易冲动性消费。

c．中年人。中年人的心理已经比较成熟，在购买商品时，更注重商品的内在质量和性能。由于中年人在家庭中的责任重大，他们很少会做出冲动性、随意性消费，多是经过分析、比较后才做出消费决定。在实际消费前，他们会对商品的品牌、价位、性能进行充分了解。在实际消费时，往往按照计划购买，很少有计划外的消费和即兴消费。

d．老年人。老年人由于生活经验丰富，很少感情用事，消费也更偏向理性。他们量入为出，偏向节俭，在购买前，对商品的用途、价格、质量等方面都会进行详细了解，而不会盲目购买。他们已经养成自己的生活习惯，对于使用过的商品和品牌更加信任，因而会重复购买。

②不同性别用户群体的消费偏好。如果按照性别来划分，可以将用户群体分为男性用户和女性用户两个群体。这两个群体的消费偏好分别如下：

a．男性用户。男性用户的消费行为往往不如女性用户频繁，购买需求也不太强烈。他们的购买需求是被动的，如受家人嘱托、同事、朋友的委托或工作的需要等。在这样的购买需求下，他们的购买行为也不够灵活，往往是按照既定的商品要求（如指定的品牌、名称、样式、规格等）来购买。

男性用户的审美往往与女性用户不同。对于自己使用的商品，他们更倾向于购买有力量感、科技感等男性特征明显的商品。如果直播间的目标用户群体是男性用户，那么质量可靠、有科技感、极简风格的商品可能更容易让他们做出购买决策。

b．女性用户。女性用户是许多行业的主要消费群体，很多行业都非常重视女性用户的消费倾向。

女性用户一般喜欢有美感的商品。女性用户的"爱美之心"是不分年龄的，每个年龄段的女性用户都倾向于用商品将自己打扮得更美丽一些。她们在选购商品时，首先考虑的是这种商品能否提升自己的形象美，能否使自己显得更加年轻和富有魅力。因此，女性用户偏爱造型新颖别致、包装华丽、气味芬芳的商品。在她们看来，商品的外观（色彩、样式）与商品的质量、价格同等重要。

2）产品本身分析。一般来说，适合直播间的产品主要有以下4种：

①具有广泛知名度的产品。

②用户无法亲自体验的产品。

③重视过程消费的商品。

④快消品。

一个适合在直播间内展示的产品，一定要兼具市场容量大、利润率高、性价比高、用途广、质量好、受众明确等特征。

3. 直播间选品步骤

对于中、小型的直播团队或新手直播团队，由于其缺乏自建品牌、自建供应链的能力，因而需要通过招商来进行选品。通过招商进行选品，一般有以下6个步骤：

（1）根据用户需求确定品类细节。选品的第一步是根据用户需求确定选品的细节。例如，对于服装类商品，用户偏爱什么风格、什么颜色、什么用途的服饰；对于家居用品，用户希望商品具有什么样的基本功能，喜欢什么样的商品造型，对商品包装有什么样的要求等。

（2）查看法律风险。对于某些商品品类，直播间是不允许销售的，直播团队应注意规避，如美瞳，即彩色隐形眼镜，已于2012年被列入第三类医疗器械用品，不允许在直播间销售。

另外，对于涉嫌抄袭原创设计品牌的商品，如果直播间上架销售，会影响主播和直播团队的声誉。因此，对于看起来像爆款的商品或自称独家设计的商品，直播团队要注意审查是否会涉及侵权。

（3）查看市场数据。选品的第三步是查看商品的市场数据。在当下，直播团队常用的专业数据平台有"热浪数据""蝉妈妈""新抖数据""飞瓜数据"等。直播团队在选品环节，要注意查看的数据是具体商品的"直播转化率"，即了解商品销量和商品关联直播访问量的对比。这个数据能够帮助直播团队判断目标商品的市场需求有多大。

（4）了解专业知识。选品的第四步是了解商品所属领域的专业知识。一方面，在竞争激烈的市场环境中，直播团队只有尽可能多地了解目标商品所属领域的专业知识，才可能把握商品的生命周期，在有限的时间内挖掘出商品的全部信息；另一方面，在当前市场几近透明的状态下，如果直播团队对商品有较强的专业认识，即使所销售的商品在直播平台竞争激烈，也能赢得用户的信任和支持。

（5）精挑细选，反复甄选。选品的第五步是反复且细致地甄选。根据二八法则，20%的商品一般能带来80%的销量。直播团队的甄选目标是尽可能地发掘出畅销的20%的商品。在这个筛选过程中，直播团队的专业程度决定筛选结果。

（6）品类升级。任何一款商品都是具有生命周期的。在直播间，今天的爆款商品，明天或许会被市场淘汰；今天发现的新品，明天或许就会被其他直播间跟风销售。对于直播团队来说，爆款商品被淘汰、"被跟风销售"是无法避免的。因此，直播团队在获得用户的支持之后，要及时地进行品类升级。

6.3.5 任务分组

表 6-10 学生
任务分配表

6.3.6 自主探究

任务工作单 6-17

组号：_____ 姓名：_____ 学号：_____ 检索号：_____

引导问题 1：描述纯佣模式、坑位费、ROI 的概念。

引导问题 2：简述直播间选品的原则和步骤。

任务工作单 6-18

组号：_____ 姓名：_____ 学号：_____ 检索号：_____

引导问题 1：直播间 20 岁以下用户占比 49%，20 ～ 30 岁用户占比 38%，30 岁以上用户占比 13%；女性用户占比 87%，男性用户占比 13%，请分析表 6-11 电商直播产品提报表单存在的问题。

表6-11 电商直播产品提报表单

注意事项：
（合作儿童产品就填写儿款产品，包含主品和秒杀款）
以下信息辛各位商家依次填写（每项必须填写清楚，且给予确定信息）

邮寄地址：（消耗品每个须3份）
样品邮寄地址：
电话：
地址：
电话：
样品管理员：
电话：

序号	店铺名称	商品ID	推荐理由	商品图片	商品名称	规格	日常价	直播价	佣金	福利机制	链接	库存（单个库存）	货值	发货周期	产品质保年限	是否支持分期	物流货品所在仓库	备注（秒杀系）	店铺评分
1	PUMA彪马官方旗舰店	712115 72522	1. 国货大品牌； 2. 某直播间曾带货销量1.5万件； 3. 质感超好，帅气不可挡，干练时尚，简约又精致		PUMA彪马官方外套男士衣服2021秋	黑色、白色、灰色、S.ML.XL	369	269	1.80%	送手套	https://lite.m.id.com/7121115 72 522 html	1 000		48 小时	3年	支持	韵达	非秒杀	4.7
2	李宁天猫官方旗舰店	156289 8285	穿着舒适，款式上身效果好		李宁男士短袖衣服运动服饰中国蓝	黑色、白色、灰色	69	69	1.80%	店铺优惠券5元	https://lite.m.id.com/15628982 85 html	500		48 小时	4年	支持	韵达	非秒杀	4.9
3	阿雅尔眼镜店		超级时尚，又多了一丝柔情，拥有不一样的魅力，高端质量超棒		中老年高清老花眼镜	100度200度300度	12.9	8.9	10.53%	无		200							
4	阿黛色代购		深层滋养，水嫩弹润，生动诱人		ARMANI阿玛尼不掉色学生免	204色号	354	279.9	22.50%	四件套		无限							
5	完美日记官方旗舰店		深层滋养，水润弹性，打造如镜面般的光泽感，时尚又简约		完美日记小细眼口红L03丝绒哑光		2186.94	1748.7	13.50%	六件套		1 000							
6	完美日记官方旗舰店		成分健康，妆感时尚大气		I限量完价f定量方妆钻片屑釉		104	28.8	10.53%			1 000							

引导问题 2： 根据任务工作单 6-18 中完成的电商直播产品提报表单，通过与供应链沟通及对产品进一步筛选制作电商直播产品提报表单（表 6-12）。

拓展阅读：电商直播产品提报表单

6.3.7　合作研学

任务工作单 6-19

组号：_____　　姓名：_____　　学号：_____　　检索号：_____

引导问题： 小组讨论，教师参与，确定任务工作单 6-17、任务工作单 6-18 的最优答案，并检讨自己的不足。

6.3.8　展示赏学

任务工作单 6-20

组号：_____　　姓名：_____　　学号：_____　　检索号：_____

引导问题： 每组推荐一个小组长，进行汇报。根据汇报情况，再次评价自己的不足。

表 6−12 电商直播产品提报表单

注意事项：
（合作几款产品就填写几款产品，包含主品和秒杀款）
以下信息羊各位商家依次填写（每项必须填写清楚，且给予确定信息）

邮寄地址：（消耗品每个需 3 份）
样品邮寄地址：
电话：
地址：
样品管理员：
电话：

序号	店铺名称	商品ID	推荐理由	商品图片	商品名称	规格	日常价	直播价	佣金	福利机制	链接	库存（单个库存）	货值	发货周期	产品质保年限	是否支持分期	物流货品所在仓库	备注（秒杀备注）	店铺评分
1			1. 品牌历史及故事；2. 历史数据（谁播过、播过多少单、播过多少GMV，什么时候播的，在哪个平台播）：信息越详细，选品概率越大																
2																			
3																			
4																			
5																			
6																			

6.3.9　评价反馈

任务工作单 6-21
个人自评表

任务工作单 6-22
小组内互评验收表

任务工作单 6-23
小组间互评表

任务工作单 6-24
任务完成情况评价表

项目 7　营销话术及促销活动确定

任务 7.1　直播流程设计

7.1.1　任务描述

根据表 7-1 直播脚本模板，制作直播脚本。

表 7-1　直播脚本模板

直播主题	冬季护肤小课堂		
直播目标	营业额：GMV ＞ 20 万元。观看人次＞ 10 万		
时间	×××年××月××日 18：00—20：00（一般不少于 2 小时）		
地点	电商直播实训室		
平台	淘宝直播		
直播软件	补光灯、多机位手机架、电容麦克风、投影、计算机、手机、充电宝		
道具准备	展示用样品（可详列）、品牌标志、白板		
直播流程			
时间段	流程安排	人员分工		
		主播	助播	后台/客服
18：00—18：10	开场预热	暖场互动，介绍开场截屏抽奖规则，引导用户关注直播间	演示参与截屏抽奖的方法；回复用户的问题	①向粉丝群推送开播通知；②收集中奖信息
18：10—18：20	活动剧透	剧透今日新款商品、主推款商品，以及优惠力度	补充主播遗漏的内容	向粉丝群推送本场直播活动
18：20—18：40	讲解商品	分享冬季护肤注意事项，并讲解、试用第一组商品	配合主播演示商品试用方法和使用效果，引导用户下单	在直播间添加商品链接；回复用户关于订单提出的问题
18：40—18：50	互动	为用户答疑解惑，与用户进行互动	引导用户参与互动	收集互动信息
18：50—19：10	讲解商品	分享冬季护肤补水的技巧，并讲解、试用第二组商品	配合主播演示商品试用方法和使用效果，引导用户下单	在直播间添加商品链接；回复用户关于订单提出的问题

直播流程				
时间段	流程安排	人员分工		
		主播	助播	后台／客服
19：10—19：15	福利赠送	向用户介绍抽奖规则，引导用户参与抽奖、下单	演示参与抽奖的方法	收集抽奖信息
19：15—19：40	讲解商品	讲解、试用第三组商品	配合主播演示商品试用方法和使用效果	在直播间添加商品链接；回复用户关于订单提出的问题
19：40—20：20	商品返场	对所有商品进行返场讲解	配合主播讲解商品；回复用户的问题	回复用户关于订单的提出问题
20：20—20：30	直播预告	预告下一场直播的时间、福利、直播商品等	引导用户关注直播间	回复用户关于订单的提出问题

7.1.2　学习目标

1. 知识目标
（1）掌握直播营销的工作流程。
（2）掌握直播脚本策划的要点。

2. 能力目标
能够制订直播活动的脚本方案。

3. 素养目标
（1）培养学生精益求精和团结协作的工作作风。
（2）培养学生的辩证思维能力和创新意识。

7.1.3　重点难点

（1）重点：直播营销的工作流程；直播脚本策划的要点。
（2）难点：制订直播活动的脚本方案。

7.1.4　相关知识链接

1. 直播营销的工作流程
一场以营销为目的的直播活动，并不是几个人对着镜头聊天而已，其背后都有着明确的工作流程。直播营销活动的流程主要包括整体思路、策划筹备、直播执行、后期传播、效果总结五个环节。直播团队需要对每个环节进行安排，确保每一场直播营销的完整性和有效性（图7-1）。

图 7-1　直播营销的工作流程

（1）整体思路。直播营销的第一个工作环节是确定整体思路。在做直播方案之前，直播团队需要首先厘清直播营销的整体思路，然后有目的、有针对性地策划与执行。直播营销的整体思路设计包括以下 3 个部分：

1）目的分析：一场直播营销活动，有时更注重直播的"带货"量；有时则在于提升合作品牌的影响力。营销目的不同，适合的直播营销策略也有所差异。因此，在确定整体思路阶段，直播团队需要明确一场直播的营销目的，并对目的进行分析。

有明确直播目标时商家需要遵守 SMART 原则，尽量让目标科学化、明确化、规范化。SMART 原则的具体内容如下：

① S 代表具体（Specific），是指绩效考核要切中特定的工作指标，不能笼统、不清晰。例如，"借助此次直播提高品牌影响力"就不是一个具体的目标，而"借着此次直播提高品牌官方微博账号的粉丝数量到达 ×××"就是一个具体目标。

② M 代表可度量（Measurable），是指绩效指标是数量化或行为化的，验证这些绩效指标的数据或信息是可以获得的。

③ A 代表可实现（Attainable），是指绩效指标在付出努力的情况下可以实现，避免设立过高或过低的目标。

④ R 代表相关性（Relevant），是指绩效指标是与工作的其他目标相互关联的；绩效指标是与本职工作相互关联的。

⑤ T 代表有时限（Time-bound），是指注重完成绩效指标的特定期限。

2）方式选择：在确定直播目的后，直播团队需要根据用户群体的关注偏好、消费偏好，在名人营销、稀有营销、利他营销、对比营销等方式中，选择其中的一种或多种进行组合。

3）策略组合：确定营销方式后，直播团队需要对场景、商品、创意等模块进行组合，设计出最优的直播策略。

（2）策划筹备。直播营销的第二个工作环节是策划筹备。有序的直播营销需要做到"兵马未动，粮草先行"。具体准备如下：

1）将直播营销方案撰写完善。

2）在直播开始前，将直播过程中用到的软件和硬件测试好，并尽可能降低失误率，防止因为筹备疏忽而引起不良的直播效果。

3）为了确保直播开播时的人气，直播团队还需要提前进行预热宣传，鼓励用户提前进入直播间，静候直播开场。

（3）直播执行。直播营销的第三个工作环节是直播执行。直播执行即直播开播。为了达到已经设定好的直播营销目的，主播、助播及其他成员需要尽可能按照直播营销方案，将直播开场、直播推荐过程、直播收尾三个工作环节顺畅地推进，并确保直播的顺利进行。

为了确保直播开播的过程顺利进行，直播团队需要在直播开播之前检查很多准备工作。直播开播前的准备工作检查表见表7-2。

表 7-2　直播开播前的准备工作检查表

序号	检查项	检查要点	检查人	检查结果
1	道具	①道具是否已经备足？ ②道具是否已经摆放整齐		
2	样品	①样品是否已经按照推荐顺序摆放整齐？ ②样品是否已经标注推荐序号		
3	直播间布置	直播间是否已经布置完成		
4	硬件	直播间的拍摄设备是否调试完成		
5	软件	①直播平台的直播信息是否已经完成设置？ ②直播软件是否已经测试完毕		
6	商品了解度	①主播及助理是否已熟记本场直播的商品名称？ ②主播及助理是否已了解每个商品的核心卖点		
7	商品脚本	①每款商品的完整介绍脚本是否已经编写、审核完成？ ②完整脚本是否打印成纸质文件		
8	商品价格	①每款商品是否已经与主流电商平台上的同款商品比较过价格？ ②每款商品是否已经明确标注优惠幅度		
9	话术	各个环节的话术是否已经按照主播和助理的直播风格进行调整		
10	抽奖环节	①抽奖环节是否已经过测试？ ②操作程序是否可以体现公平、公正、公开？ ③抽奖环节是否能够引导用户关注直播间和转发分享		

（4）后期传播。直播营销的第四个工作环节是后期传播。直播结束并不意味着营销结束，直播团队需要将直播涉及的图片、文字、视频等，在抖音、快手、微信公众号、微博、今日头条等关联自媒体平台继续传播，让其抵达未观看直播的用户，使直播效果最优化。目前，直播结束后，常见的传播形式见表7-3、表7-4。

表 7-3　常见的传播形式 1

传播形式	传播内容制作方法	可发布的平台	作用
直播视频	录制直播，制作完整的直播回放视频	点淘（淘宝直播）	方便错过直播的用户观看
	录制直播，截取有趣画面并将其制作成短视频	抖音、快手、哔哩哔哩、微博等	提升主播影响力，打造主播的"有趣"人设
	录制直播，截取有专业知识讲解的画面制作成短视频	抖音、快手、哔哩哔哩、微博等	提升主播影响力，打造主播的"专业"人设

表 7-4　常见的传播形式 2

直播软文	编写行业资讯类软文，并在软文中插入直播画面或直播视频片段	微信公众号、微博、今日头条	打造主播的"专业"人设，吸引更多的行业人士关注主播、回看直播
	分享主播经历，记录直播感受和收获	微信公众号、微博、今日头条	拉近主播与用户的心理距离，吸引用户关注主播
	从用户角度出发，分享直播购物体验	微信公众号、微博、今日头条	提升用户对主播和直播间的信任度
	编写直播幕后故事，分享直播心得和直播经验	微信公众号、微博、今日头条	提升主播和直播间的影响力

（5）效果总结。直播营销的第五个工作环节是效果总结。直播后期传播完成后，直播团队需要进行复盘，一方面需要进行直播数据统计，并与直播前的营销目的进行对比，判断直播营销效果；另一方面需要进行讨论，总结本场直播的经验与教训，做好团队经验备份。每一次直播营销结束后的总结与复盘，都可以作为直播团队的整体经验，为下一次直播营销提供优化依据或策划参考。

2．直播脚本的策划

（1）直播脚本的要点。直播活动的脚本方案俗称"直播脚本"，可以理解为直播内容的策划方案，是直播团队通过结构化、规范化及流程化的说明，为主播在直播间的内容输出提供线索指引，以确保直播过程的顺利进行及直播内容的输出质量。本书中的直播脚本是指整场直播脚本。直播脚本的要点见表 7-5。

表 7-5　直播脚本的要点

直播脚本要点	说明
直播主题	从用户需求出发，明确直播的主题，避免直播内容没有营养
直播目标	明确直播要实现何种目标，是积累用户、提升用户进店率，还是宣传新品等
主播介绍	介绍主播、助播的名称、身份等
直播时间	明确直播开始、结束的时间
注意事项	说明直播中需要注意的事项

直播脚本要点	说明
人员安排	明确直播参与人员的职责。例如，主播负责引导关注、讲解商品、解释活动规则；助播负责互动、回复问题、发放优惠信息等；后台/客服负责修改商品价格、与粉丝沟通转化订单等
直播的流程细节	直播的流程细节要非常具体，详细说明开场预热、商品讲解、优惠信息、用户互动等各个环节的具体内容、如何操作等问题，如什么时间讲解第一款商品，具体讲解多长时间，什么时间抽奖等，尽可能把时间都规划好，并按照规划来执行

（2）直播脚本策划。整场直播脚本策划，即直播团队策划并撰写直播过程中的每个具体环节的关键内容。一个简洁的策划方法是先规划时间，再整合工作内容，最后完成脚本策划。

规划时间，即根据直播的目的，确定在直播过程中的各个环节及关键环节，并根据直播时间预算，为每个环节规划时间。在此，以 2 小时直播推荐 10 个商品的直播计划为例，进行整场直播脚本策划说明。

1）计算每个商品的推荐时长。假如预热时长和互动时长等非推荐环节时长预计为 40 分钟，那么这 10 个商品的总推荐时长是 80 分钟，平均每个商品的推荐时长是 8 分钟。将这个时间改为浮动时间，即可设计每个商品的推荐时长为 5 ~ 10 分钟。

2）设计每个商品的具体推荐时长。假如这 10 个商品包括 2 个特价包邮的引流款商品、2 个高性价比的爆款商品、5 个靠"走量"来盈利的利润款商品、1 个限购的"宠粉"款商品（这样的商品配置，会在后续的选品内容中进行详细介绍），那么在这场直播中，高性价比的爆款商品和利润款商品需要主播进行更多、更全面的介绍；引流款商品、"宠粉"款商品由于价格低廉，限时限量，主播可以安排较短的介绍时长。

3）设计非推荐环节的时长。一场直播中，除推荐商品外，还有开场后的打招呼环节、暖场环节、活动剧透环节、福利抽奖环节、主播讲故事环节、下期预告环节等，主播可以按照剩余总时长对这些环节进行适当分配。

4）各个环节的时间规划。经过以上分析，即可确定各个环节的时间规划。

5）整合主题和分工，策划直播脚本。根据在直播过程中各个环节的时间规划，结合直播主题、直播目标及参与人员的工作内容，即可策划直播脚本。

7.1.5 任务分组

表 7-6　学生任务
分配表

7.1.6　自主探究

任务工作单 7-1

组号：_____　姓名：_____　学号：_____　检索号：_____

引导问题 1：查阅相关资料，阐述直播营销的工作流程。

引导问题 2：简述直播脚本策划的要点，完成表 7-7 的填写。

表 7-7　直播脚本策划的要点

直播脚本要点	说明

任务工作单 7-2

组号：_____　姓名：_____　学号：_____　检索号：_____

引导问题：参考直播脚本模板，为小组的直播营销活动制作直播脚本（表 7-8）。

表 7-8　制作直播脚本

直播脚本模板	
直播主题	
直播目标	
时间	
地点	
平台	
直播硬件	
道具准备	

直播流程				
时间段	流程安排	人员分工		

拓展阅读：直播
脚本模板和示例

7.1.7　合作研学

任务工作单 7-3

组号：_____　　姓名：_____　　学号：_____　　检索号：_____

引导问题：小组讨论，教师参与，确定任务工作单 7-1、任务工作单 7-2 的最优答案，并检讨自己的不足。

7.1.8　展示赏学

任务工作单 7-4

组号：_____　　姓名：_____　　学号：_____　　检索号：_____

引导问题：每组推荐一个小组长，进行汇报。根据汇报情况，再次评价自己的不足。

7.1.9 评价反馈

任务工作单 7-5
个人自评表

任务工作单 7-6
小组内互评验收表

任务工作单 7-7
小组间互评表

任务工作单 7-8
任务完成情况评价表

任务 7.2 手卡制作

7.2.1 任务描述

查阅相关资料或参考图 7-2，制作直播产品的手卡。

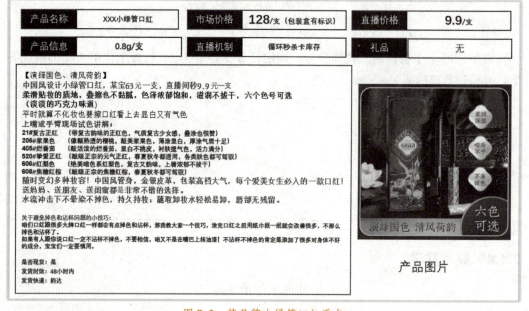

图 7-2 某品牌小绿管口红手卡

7.2.2 学习目标

1. 知识目标

（1）掌握直播营销话术设计的要点。

（2）掌握商品推荐的话术。

2. 能力目标

能够制作直播间商品的手卡。

3．素养目标

（1）培养学生的团队意识和美学意识。

（2）培养学生的统筹规划思维。

7.2.3 重点难点

（1）重点：直播营销话术设计的要点；商品推荐的话术。

（2）难点：制作直播间商品的手卡。

7.2.4 相关知识链接

1．商品脚本策划的意义

相信每个主播都曾经有过这样的"尴尬时刻"：直播不知道聊什么，全程没有重点；在介绍商品时停顿甚至出错，造成不必要的麻烦；无法控制直播时间，直播结束后精疲力竭；意外状况频出，难以迅速解决；用户毫不配合，一直"唱反调"等。

直播最忌讳"临阵磨枪"，要在直播过程中表达主题和内容，通过节奏和流程展示专业度，同时，有了手卡更有利于经验梳理和总结。

2．直播脚本的分类

（1）根据直播的形式分类。

1）UGC：UGC主播以展示个人才艺和鲜明个性为主，相应地，这类主播在开播前撰写的直播脚本，应该以主播个人展示、直播商品及与粉丝的互动内容为核心。

2）PGC：PGC主播一般要比UGC主播更专业、要求更高。所以，直播脚本中包含的信息也会更多一些，包括主持人、嘉宾、商品、游戏、互动等，但脚本的核心内容还是商品信息和互动活动。

大型直播晚会的脚本就更为复杂了，除主要的商品和互动游戏外，各种形式的抽奖活动、表演都要涵盖到直播脚本中。

（2）根据直播的对象分类。

1）单品脚本（手卡）。单品脚本主要针对本场直播中着重介绍的商品展开。

2）整场脚本。整场脚本是对整个直播过程的规划和安排，内容要细致到每分钟该做什么事情。

3．直播营销话术的设计要点

直播营销话术的最终目的是获得用户对主播和主播所推荐商品的信任与认可，让用户意识到自己的消费需求，从而产生购买行为。直播团队设计直播营销话术需要根据用户的期望、需求、动机等，以能够满足用户心理需求的表达方式来展示直播商品的特点。直播团队设计直播营销话术需要考虑以下5个要点：

（1）话术风格应符合主播的人设。主播的人设不同，在直播间的说话风格也应有所差别。

（2）介绍商品特点时多使用口语化的表达。商品的文案风格多是严肃而正式的。在直播间，如果主播直接按照品牌方撰写的商品文案来表达，用户无法记住商品的特点；

而如果主播能将这些商品文案用一种更符合日常交流情景的口语来表达，可能更容易让用户了解商品。

（3）话术需要搭配合适的情绪表达。直播就像一场电视节目，主播就如同表演节目的演员，演绎到位才能吸引用户。演绎到位即意味着主播不仅需要说好"台词"，还需要为台词配上能打动人的面部表情和丰富的肢体动作。

（4）不同的话术需要不同的语速。主播在直播间推荐商品时，语速不能太慢，慢语速适应不了用户获取更多信息量的需求，也容易让用户对主播产生无精打采、懈怠、拖沓的印象；语速也不宜过快，快语速会让用户听不清内容，来不及思考，影响内容的接收。

（5）整场话术设计要有节奏感。一场直播从开场到结束，从氛围的角度可分为开端、舒缓、提神、释放四个阶段。每个阶段的话术所对应的作用依次是吸引用户、舒缓情绪、刺激促销及留下悬念。

4. 商品推荐的话术

（1）氛围话术。氛围话术，即主播通过一定的话术调动用户的情绪，以及让直播间的购物气氛保持活跃。可参考的氛围话术如：

我们直播间的商品比免税店的还便宜！

天哪！这也太好看了吧！！！好好看哦！

所有家人们！你们准备好了吗？链接来咯！3！2！1！上链接！

（2）荐品话术。荐品话术，即商品描述话术，是主播告知用户一款商品的亮点在哪里，与其他竞品相比好在哪里。可参考的荐品话术如：

我从来没用过这么润的唇釉。

这种味道很清新，像是下过小雨的森林里才会有的味道。

（3）导购话术。导购话术，即主播告诉用户为什么要买这款商品，为什么现在就要下单。可参考的导购话术如：

这款××主播推荐之前就已经是我们的爆款了，月销量2万多。

这款产品好用到甘当"自来水"，某书上它的推荐文就有10万多篇，你只要用过，绝对会想要推荐给身边的朋友。

（4）催单话术。催单，也是导购的一个工作环节。关键是主播如何使用话术给用户制造紧迫感，促使用户马上做出决策并下单购买。可参考的催单话术如：

这款产品原价198，今天不要98，只要9.8，而且买一赠一！

这款产品今天直播间只有1 000份，拼的就是手速，大家赶快下单。

（5）转场话术。主播推荐一款商品结束后，需要自然过渡到推荐另外一款商品或另外一个环节，主播这就需要使用转场话术。可参考的转场话术如：

讲到这里我突然想到一个故事，你知道吗？

你们知道吗？这一阵子好多观众朋友都发来类似的信息。

讲一个我最近的经历，大家一听肯定特别有感触。

（6）互动话术。互动话术，即主播引导直播间的用户与自己互动，包括点赞、转发、在评论区留言。可以参考的互动话术如：

家人们想不想看主播试穿这款宝贝，想看的扣1。

5．产品手卡策划

产品手卡也称单品脚本，即概括介绍单个商品的脚本。其内容包含产品的品牌介绍、产品的功能和用途、产品价格、产品图片、产品介绍话术等。产品手卡如图7-2所示。

某品牌小绿管口红手卡

7.2.5　任务分组

表7-9　学生任务分配表

7.2.6　自主探究

任务工作单7-9

组号：_____　姓名：_____　学号：_____　检索号：_____

引导问题1：查阅相关资料，列举直播营销话术设计的要点。

引导问题2：阐述商品推荐的各类话术，并举例说明。

任务工作单 7-10

组号：_____ 姓名：_____ 学号：_____ 检索号：_____

引导问题： 根据任务工作单6-18中电商直播产品提报表单内的商品制作手卡（图7-3）。

产品弹幕 + 产品口号		
产品图片和价格	**产品名称：**	
图片	**一、品牌背书（品牌历史、获奖成就、销量等）、产品购买场景（适合人群、场合等）** 提炼关键词：	
	例：（背书）国民老品牌，××年品牌发展历史，2020销售额日化top榜第一；（购买场景）消毒液和洗手液疫情当下家居必备等	
	二、产品卖点优势（价格、功能、品质等维度描述）	提炼关键词：
	三、脚本区域	

产品名称／规格／赠品／日常价／直播价／库存／发货时效&快递（请备注不可发货区域）／生产日期&保质期／注意事项（如无可不填写）／买家关注点／运费险有/无

图 7-3 产品手卡模板

产品手卡模板

7.2.7 合作研学

任务工作单 7-11

组号：_____ 姓名：_____ 学号：_____ 检索号：_____

引导问题： 小组讨论，教师参与，确定任务工作单7-9、任务工作单7-10的最优答案，并检讨自己的不足。

7.2.8　展示赏学

任务工作单 7-12

组号：_____　姓名：_____　学号：_____　检索号：_____

引导问题： 每组推荐一个小组长，进行汇报。根据汇报情况，再次评价自己的不足。

7.2.9　评价反馈

任务工作单 7-13
个人自评表

任务工作单 7-14
小组内互评验收表

任务工作单 7-15
小组间互评表

任务工作单 7-16
任务完成情况
评价表

拓展阅读：手卡
制作

模块 4

直播间的打造

项目 8　布景设计及设备选择

任务 8.1　布光策略设计

8.1.1　任务描述

运用 Excel 完成主题直播间布光布局图绘制。

8.1.2　学习目标

1. 知识目标

（1）掌握直播间冷暖光的使用及光源分类。

（2）掌握直播间常用布光类型。

2. 能力目标

（1）能够在不同的主题直播间采用准确的冷暖光源。

（2）能够根据直播间主题运用 Excel 绘制布光布局图。

3. 素养目标

（1）培养学生的布光处理意识。

（2）培养学生的动手能力、分析能力。

（3）培养学生的空间透视表达能力。

（4）培养学生熟练使用办公软件的能力。

8.1.3　重点难点

（1）重点：直播间常用布光类型。

（2）难点：根据直播间主题运用 Excel 绘制布光布局图。

8.1.4　相关知识链接

一个好的直播间除适当的装饰和合理的规划外，最重要的就是布光，为什么有的主播看上去皙白透亮，而有的主播看上去暗淡无光呢？这些都是由于布光造成的。直播间作为室内人造光源，一般采用软光，也称为柔光，是一种漫散射的光，没有明确的方向性，不留明显的阴影，反差较小，明暗过渡比较柔和，表现层次变化细腻，色调层次丰富。

1. 直播间灯光的选择

一般直播间对灯光的要求如下：

（1）主灯。直播间主灯一般选择冷光源 LED 灯，如果没有特殊要求，10 m² 左右的房间选用功率为 60 ～ 80 W 的灯即可。

（2）补光灯。补光灯又称辅灯，前置补光灯尽量选择可以调节光源的灯，灯泡的功率可以稍大一些，这样便于根据实际需要调整光源的强度。

1）选择亮度可以调节的灯。不同直播背景需要不同亮度的补光灯，因此，有调光功能的补光灯可以配合直播间整体明暗情况来调节亮度，十分方便。如果补光灯打不出想要的光线效果，也可以利用补光灯的反射效果，使补光灯反向照射到正对着主播正面的墙面，这样就能在一定程度上形成漫反射效果。而在营造软光效果时，通常会用到反光板，尤其是在主播面前作为补光光源时，反光板能让主播的皮肤看上去更加自然、柔和。需要注意的是，不能补光太多，要掌握好"度"，因为补光光线过硬会导致主播面部过曝，甚至反光，呈现出的光线效果会更差。

2）选择高频闪的灯。所谓频闪，指的是光源的闪烁频率。任何灯光都是会闪烁的，好的补光灯闪烁很快、很密集，肉眼觉察不到。但有些光源经摄像头拍摄后屏幕上就会呈现一条条光纹，影响观感。而且长时间使用这样的补光灯会对主播的眼睛造成伤害。测试方式：打开手机相机，对准补光灯，如果手机画面没有出现明显的闪烁，则补光灯可用；反之则慎用。

（3）冷暖灯。灯光可分为冷光和暖光。冷光会给人一种没有感情、清冷的感觉；而暖光会给人一种温暖、舒适的感觉。因此，不同类型的直播间应该使用不同色温的灯光。

一种配置是主灯为冷光，一组补光灯为暖光，直播间整体效果为暖光。暖光让主播看上去更自然，暖暖的感受也会让人更舒服，如美食类和家居类的直播间适合使用暖光，用偏暖色的光可以把美食衬托得更加美味，让人垂涎欲滴；可以让家具、家纺更加有人情味儿，显得温馨有爱。

另一种配置是主灯为冷光，一组补光灯为冷暖结合偏冷光，整体效果为冷光。冷光让主播的皮肤看上去更加白皙透彻。如果想要增加直播间的高级感，可以在白光的基础上增加较暖的灯条、壁灯和小射灯，这样可以让主播面部看起来更加柔和。服饰类和美妆类的直播间适合使用白光，比较接近自然光，便于在镜头前展示衣服和化妆品、护肤品等产品的真实状态，可以减小服装和妆容在镜头前的颜色误差，把衣服、化妆品的颜色更清晰、直观地展现给用户。像某网红的直播间就是使用白光且没有美颜、滤镜，因为这样口红才能保证最真实的颜色。

2. 直播间灯光的摆设

直播间的灯光布置可以营造气氛，塑造直播画面风格，还能起到为主播美颜的作用。按照灯光的作用来划分，直播间用到的灯光可以分为主光、辅助光、轮廓光、顶光和背景光。不同灯光的摆放方式，创造的光线效果也不同。

（1）主光 / 顺光。主光是主导光源，决定着画面的主基调。同时，主光又是照射主播外貌和形态的主要光线，是实现灯光美颜的第一步，能够让主播的脸部均匀受光。直播间布光时，只有确定了主光，才能设计如何添加辅助光、背景光和轮廓光等。

主光应该是正对着主播的面部，与视频摄像头上的镜头光轴成 0°～15°。这样会使主播面部光线充足、均匀，并使主播面部肌肤显得柔和、白皙。但是，由于主光是正面光源，会使主播脸上没有阴影，让视频画面看上去比较平面，缺少立体感。

（2）辅助光 / 侧光。辅助光是从主播侧面 45°～90° 照射来的光线，能对主光起到一定的辅助作用，泛称为侧光。侧光千变万化，稍微改变光源角度，就能营造出截然不同的效果，适合应用于表现质感、轮廓、形状、整体形象的立体感。例如，从主播左前方 45° 照射来的辅助光可以使主播的面部轮廓产生阴影，从而凸显主播面部的立体感。从主播右后方 45° 照射来的辅助光可以增强主播右后方轮廓的亮度，并与主播左前方的灯光效果形成反差，从而提升主播整体造型和立体感。

辅助光要放在距离主播两侧较远的位置，从而使主播的形象更加立体的同时，也能照亮周围大环境。辅助光距离主播应设置得比主光更远，所以，它只是形成阴影而不是完全消除阴影。在测试辅助光时，要注意光线亮度的调节，避免因一侧的光线太强而导致主播的某些地方曝光过度，而其他地方光线太暗。

（3）轮廓光 / 逆光。逆光又称轮廓光，从主播身后位置照射，形成逆光效果。轮廓光能够明显勾勒出主播的轮廓，将其从直播间的背景中分离出来，从而使主播的形象更加突出。在布置轮廓光时，要注意调节光线的强度。如果光线过亮，就会导致主播前方显得昏暗。

（4）顶光。顶光即从主播的头顶往下照射的光线，为背景和地面增加照明，能够让主播的颧骨、下巴、鼻子等部位的阴影拉长，使主播的面部产生浓重的投影感，有利于主播轮廓造型的塑造。顶光的位置建议距离主播头顶 2～2.5 m 以内，注意控制光线强度，调整面部阴影效果，规避光亮过度产生黑眼袋等细节。

（5）背景光 / 环境光。背景光又称环境光，是主播周围环境及背景的照明光。其主要作用是烘托主题或渲染气氛，可以使直播间各位置亮度都尽可能地和谐、统一。由于背景光最终呈现的是均匀的灯光效果，所以在布置背景光时要采取低亮度、多光源的方法。

3. 常用的直播间布光方法

在为直播间布光时，由于主播的受光程度与其所处位置有关，所以，位置不同，受光效果也不同。因此，合理布置直播间的光源，或者通过改变主播的位置来改善受光效果，可以使主播或商品呈现出来的画面效果更加理想。

（1）三灯布光法。三灯布光法一般适用于空间较小的场景，其优势在于能够还原立体感和空间感。该布光法就是将一台环形柔光灯作为主播的主要光源放置于主播正前方作为面光，另外两台柔光灯分别放在主播两侧打亮其身体周围。环形柔光灯自带柔光罩，光线非常柔和，即使长时间直播也不会让主播感觉刺眼；柔光灯柔和的光线也能够让商品显得更有质感，更有吸引力。三灯布光法适用于服装、美妆、珠宝、人物专访等多种直播场景，具有很强的实用性。

（2）伦勃朗布光法/立体轮廓法。伦勃朗布光法采用斜上光源的布光方式，增加主播轮廓的立体感。斜上光源是从主播头顶左右两侧45°照射的光线，在调试灯光的过程中，使主播眼睛下方的一侧脸出现一块明亮的三角形光斑。可突出鼻子的立体感，强调主播的脸部骨骼结构。

（3）蝴蝶光瘦脸法/顶部布光法。不少主播希望自己能有娇小的脸庞，这时可以使用蝴蝶光瘦脸法（也称顶部布光法）。在主播的头顶偏前的位置布置光源，这种布光方法会使主播的颧骨、嘴角和鼻子等部位的阴影拉长，从而拉长脸部轮廓，达到瘦脸的效果。但此方法不适用于脸型较长的主播。

总结：多灯布光拍摄，要根据效果调节，以达到自己满意的效果，不同的直播间，不同的场景，也要适当地调节直播灯光。

4．直播间布局平面图

光源根据不同主题、不同产品在不同空间中组合使用。结合人物、环境在镜头中的结构布局，对比平时拍照的构图设定，在直播中的构图主播占比不要超过70%，也不要占比太小，要有适当的留白。

美妆类和美食类的主播站位是固定的；服装类的主播就要注意找好一个定点。主播距离镜头不能太远也不能太近，要占据一个适当的位置。如果离得太远，用户会看不清楚展示的服装和货品；如果离得太近，会对用户产生压迫感，也不利于看清楚货品。美妆类和服装类直播间的布光布局图如图8-1、图8-2所示。

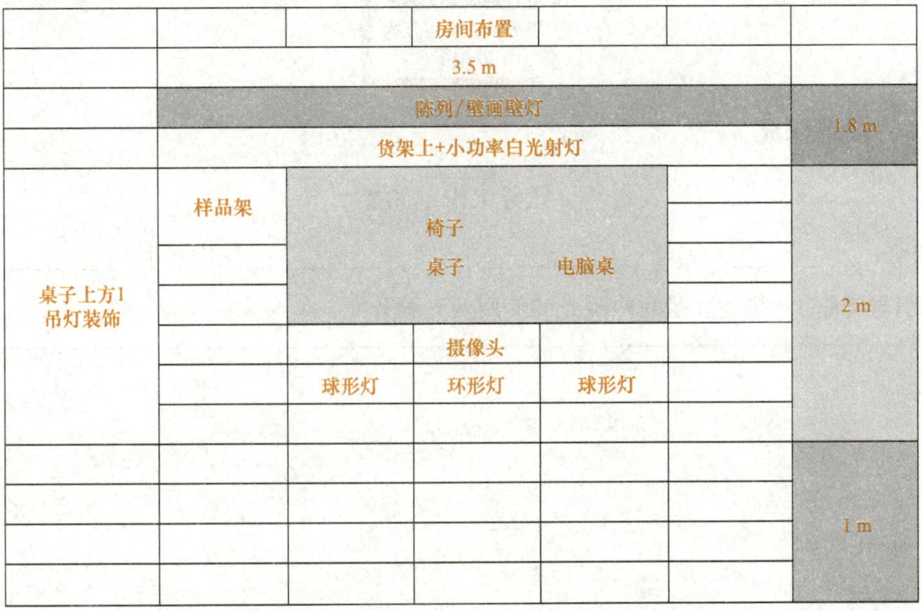

			房间布置			
			3.5 m			
		陈列/壁画壁灯				1.8 m
		货架上+小功率白光射灯				
桌子上方1吊灯装饰	样品架		椅子			2 m
			桌子	电脑桌		
			摄像头			
		球形灯	环形灯	球形灯		
						1 m

图8-1　美妆类直播间的布光布局图（小空间）

图 8-2 服装类直播间的布光布局图（大空间）

背景陈列/货架/陈列模特+小功率暖色光射灯点缀

展示区/矮沙发/装饰品

产品陈列区

模特展示区（顶灯用白光）

可考虑第二直播背景

摄像头

摄像头　环形灯　球形灯

直播电脑桌+助理电脑

椅子

1.5 m　3 m　1.1 m　5.6 m　4.2 m

8.1.5　任务分组

表 8-1　学生任务分配表

8.1.6　自主探究

任务工作单 8-1

组号：＿＿＿＿＿　姓名：＿＿＿＿＿　学号：＿＿＿＿＿　检索号：＿＿＿＿＿

引导问题 1：描述直播间冷暖光的使用及光源分类。

引导问题 2： 阐述直播间常用布光类型。

任务工作单 8-2

组号：_____ 姓名：_____ 学号：_____ 检索号：_____

引导问题 1： 阐述美妆类、美食类直播间布光冷暖调，并说明理由。

引导问题 2： 运用 Excel 绘制 3C 产品直播间布光布局图，并阐述创意说明。

8.1.7 合作研学

任务工作单 8-3

组号：_____ 姓名：_____ 学号：_____ 检索号：_____

引导问题：小组讨论，教师参与，确定任务工作单 8-1、任务工作单 8-2 的最优答案，并检讨自己的不足。

8.1.8 展示赏学

任务工作单 8-4

组号：_____ 姓名：_____ 学号：_____ 检索号：_____

引导问题：每组推荐一个小组长，进行汇报。根据汇报情况，再次评价自己的不足。

8.1.9 评价反馈

任务工作单 8-5
个人自评表

任务工作单 8-6
小组内互评验收表

任务工作单 8-7
小组间互评表

任务工作单 8-8
任务完成情况评价表

任务 8.2　直播间视觉风格定位

8.2.1　任务描述

绘制主题直播间视觉风格思维导图，录制直播间视觉风格效果视频。

8.2.2　学习目标

1．知识目标

（1）掌握各种类型的直播间背景及场景布置要点。

（2）掌握直播间浮窗的基本原理。

2．能力目标

（1）能够分析直播间视觉风格的优势和劣势。

（2）能够根据主题绘制直播间视觉风格思维导图。

3．素养目标

（1）培养学生的自学能力。

（2）培养学生的营销策划能力。

（3）培养学生的观察分析能力。

（4）培养学生的逻辑思维能力。

8.2.3　重点难点

（1）重点：各种类型的直播间背景及房间布置要点。

（2）难点：根据主题绘制直播间视觉风格思维导图。

8.2.4　相关知识链接

直播间是主播与用户交流互动的场所。用户对直播间的第一印象来自主播的形象和直播间的视觉感受。直播间的视觉风格要突出营销属性，可以根据直播内容和消费者画像来定位带货直播间的视觉风格。

1．直播场地的基本要求

对于直播场地的选择，直播团队需要优先选择消费购买与使用商品频率较高的场所，拉近与用户之间的距离。从空间角度考虑，可分为室内和室外两个场景（表 8-2）。

2．直播间背景布置

直播间背景可分为背景墙和背景板两种类型。这两种类型的直播间背景各有优势和劣势，可以根据直播间的特色进行选择（表 8-3）。

表 8-2　直播场地的基本要求

空间位置	适合类型	基本要求
室内直播场地	绝大部分商品；线下实体店商品	（1）隔声效果良好，避免杂音干扰； （2）吸声效果良好，避免直播产生回音； （3）室内光线效果好，提升主播和商品的美观度，提高直播画面视觉效果； （4）室内空间充足（10～40 m²），能够完整展示商品，且保证画面美观； （5）预计需要顶光灯，考虑室内高度，避免顶光灯位置过低导致灯具入镜，影响美观度； （6）避免直播画面凌乱，不能让所有人同时入镜。直播商品较多的情况下，留足空间放置待播产品以及其他道具； （7）主播外的助播等人员，预留工作空间
室外直播场地	直播体型较大或规模较大的商品；展示货源采购现场的商品	（1）考虑室外天气状况，做好极端天气防范措施、设计室内备用方案，并配备补光灯； （2）室外场地不宜过大，规避动态路线过长； （3）保持室外场地美观，规避杂乱人群、车流等； （4）外出设备电量充足

表 8-3　直播间背景类型列表

直播间背景类型		优势	劣势	安装方式
背景墙		方便更新，价格低	需要根据主题搭配打造	乳胶漆上色、窗帘布装饰
背景板	组合 KT 板	价格优惠，更新方便	直播时容易露出折痕，难移动、难储存	需要粘在墙上
	油画布	无折痕，且方便移动储存	注意色差	墙上安装挂钩
	电子背景板 / LED 背景板 / 电视背景板	有质感，彰显品牌调性，营造纵深感	价格高	硬件装修

　　其中，直播间背景墙最好简洁干净（转场活动直播除外），以浅色、纯色为主，以简洁、大方、明亮为基础打造，不能花哨，因为杂乱的背景容易使人反感。直播间背景墙可以选择窗帘布或墙纸，还可以使用虚拟背景图增加直播间的纵深感。例如，某些主播的直播间背景墙就用白天或夜间的城市大全景图作为虚拟背景图，以增加直播间的纵深感、空间感和高级感。

3. 直播间场景布置

　　直播间是用户最直接的视觉体验场所。色彩搭配混乱和物件摆放杂乱，用户进入直播间视觉体验差，很快就会选择退出。因此，直播间布置一定要保持干净、整齐、大方，在开播之前做好准备工作。

直播间场景搭建并未有业界统一的硬性标准，但作为电商直播间，其视觉风格要突出营销属性。最常用的商品直播间，应摆满商品货架作为背景，或者使用不同材质的背景板，展示直播主题、产品信息，也能增强品牌效应。

下面根据直播内容主题，介绍如何搭建直播间场景。

（1）美妆类直播间场景布置。美妆类直播间场景布置要求商品摆放美观，直播画面呈现层次感，强调纵深度，能够突出商品卖点，便于主播讲解商品。

1）直播间大小。美妆类直播间常规面积在 $10\ m^2$ 左右。

2）直播间背景墙。直播间背景墙应简洁、干净，建议采用灰色、深灰色、浅灰色、冷淡灰色。灰色是摄像头最适合的背景色，不会过度曝光，视觉舒适，有利于突出服装、妆容或产品的颜色。以上是常规百搭方案，适用于大部分直播间。另外，也可以根据主播形象或直播风格进行调整。例如，主播的人设可爱，直播背景墙或窗帘可以使用粉色、紫色；如果主播的人设成熟稳重，则尽量以灰色的背景墙为主。直播间背景色最忌讳大面积的深色、多色，尤其是深蓝色和黑色，容易使人产生压抑的感觉。直播间背景墙建议尽量不要使用白色，容易反光。可以在纯色背景上加上品牌 Logo，看起来简洁又大方（图 8-3）。

图 8-3　直播间背景墙

3）美妆展示柜。美妆类直播间可以有背景陈列柜。商品的陈列设计更有利于烘托购买氛围。商品陈列设计影响用户留存人数和用户的消费意愿。美妆展示柜上产品摆放应遵循对比与统一的视觉规律。例如，商品摆放方向上的统一，商品外包装色彩的渐变摆放，制造安静且干净的背景呈现。以某主播的直播间为例，口红按照品牌分类整齐摆放在货架上，统一的品牌形象，做出了群落关系。

4）直播桌、座椅。直播桌的面积应足够大，便于主播试用、测试、摆放备播商品；舒适的座椅便于美妆博主长时间直播的舒适度，可以选择不影响画面的低靠背座椅。

（2）服装类直播间场景布置。服装类直播间一般场景布置形式如下：

1）直播间大小。服装类直播间的面积一般选择 20 m² 左右，需要预留试衣服空间，除主播活动的空间外，还有展示模特、助播、客服等。

2）衣架、衣柜。服装类直播间内可以放置衣架或衣柜，如可以考虑同色系衣服、渐变色彩排列。若不能制造整齐的视觉效果，就避免让衣架出现在镜头里。建议挂满当天直播所要销售的服装，也可使用陈列模特放置主打商品。服装类直播间可以摆放陈列模特，但不要超过两个，因为直播间的空间大小有限，陈列模特太多容易喧宾夺主，而且占据主播展示活动的空间。

3）地面。直播间地面可以选用浅色系地毯或木色地板。其适用于美妆、服装、美食、珠宝等直播间。铺设吸音毯，可以有效降低直播混响。地毯风格与所售服装的风格相搭配。为了便于展示服饰类、鞋靴类商品，可以搭设台或圆台。

4）墙面背景。墙面背景可以根据商品类型做搭配，目的是提升直播间的层次感，能够给用户带来美感和舒适感。

（3）其他类型直播间场景布置。不同商品类型直播间场景布置要点见表8-4。

表8-4　不同商品类型直播间场景布置要点

直播间类型	注意事项	取景建议	背景色
箱包类带货直播间	灯光明亮不反光，提升包的质感	取景仓库、实体店	浅色为主，衬托各个色系的包
家装产品类带货直播间	线上逛展厅，营造身临其境的消费体验	真实居家场景化打造	根据直播主题设置
茶品类带货直播间	消费者对主播形象、茶品类别质量关注度高	品茶茶室场景化打造	中国传统风格为主，突出茶文化特色

如果直播空间很大，为了避免直播间显得过于空旷，可以适当地丰富直播间背景，放置部分装饰点缀物，一定要根据直播主题发散考虑。例如，北欧风格的直播间可以放置一些北欧风格的室内小盆栽及小玩偶，力求干净、整洁；民族风格的直播间可以放置一些相关联的民族摆件等。如果是节假日，可以适当地布置一些与节日气息相关的东西，或者配上节日的妆容和服装，以此来吸引观众的目光，提升直播间

人气。

直播间可以使用当期直播的主题作为背景，如开学季、旅游季、吃货趴、圣诞节等类型，或新西兰专场、泰国专场等地点类型。

4. 直播视频画面的空间设置及浮窗

直播视频画面划分为中间、上面和下面三个部分。中间是以主播为中心的重要区域；上面是背景区域；下面是商品展示区域。测试时一定要考虑主播在直播间的位置是否适当。太大或太小都会影响用户观看感受（图8-4）。

图 8-4　直播视频画面

浮窗一般是放在直播间上、下、左、右空白区域，以不遮挡重要信息为原则。其主要具备两个作用：一是营销可视化，活动期间图文结合展示活动信息，引导用户自主下单，提高直播转化率；二是吸引粉丝停留，视觉优秀的浮窗在吸引粉丝阅读的同时，还可以延长粉丝停留的时长，配合展示的活动信息，可增强转粉效果。

浮窗包括的信息一般有两个：一是商品优惠信息，以图文结合的形式展示商品优惠信息，引导自主下单；二是直播间专属福利信息，直播间专属福利展示，增强直播转粉效果，吸引粉丝停留。其中，头部浮窗展示直播间权益或店铺优惠信息；底部浮窗可对品牌进行宣传，也可放视频。

8.2.5　任务分组

表 8-5　学生任务
分配表

8.2.6 自主探究

任务工作单 8-9

组号：_____ 姓名：_____ 学号：_____ 检索号：_____

引导问题 1：分别阐述室内直播场地和室外直播场地的基本要求。

引导问题 2：描述直播间浮窗的作用及传达的信息。

任务工作单 8-10

组号：_____ 姓名：_____ 学号：_____ 检索号：_____

引导问题 1：分享三个令你印象深刻的优秀的直播间风格案例，并填写表 8-6。

表 8-6　直播间背景及浮窗分析表

序号	直播间名称	商品类目	直播间取景	直播间色调	浮窗信息
1					
2					
3					

引导问题 2：根据直播间视觉风格搭配原理，绘制一份自拟主题直播间视觉风格思维导图。

8.2.7　合作研学

任务工作单 8-11

组号：_____　姓名：_____　学号：_____　检索号：_____

引导问题： 小组讨论，教师参与，确定任务工作单 8-9、任务工作单 8-10 的最优答案，并检讨自己的不足。

8.2.8　展示赏学

任务工作单 8-12

组号：_____　姓名：_____　学号：_____　检索号：_____

引导问题： 每组推荐一个小组长，进行汇报。根据汇报情况，再次评价自己的不足。

8.2.9　评价反馈

任务工作单 8-13
个人自评表

任务工作单 8-14
小组内互评验收表

任务工作单 8-15
小组间互评表

任务工作单 8-16
任务完成情况
评价表

拓展阅读：直播
平台操作流程

任务 8.3　设备认识和平台测试

8.3.1　任务描述

扫描二维码观看直播平台操作流程，完成直播平台注册并录制试播视频。

视频：淘宝直播系列之入驻及发布操作演示

8.3.2　学习目标

1．知识目标

（1）掌握各种直播设备的功用。

（2）掌握直播平台的各类功能。

2．能力目标

（1）能够正确使用直播设备。

（2）能够完成平台注册并正确使用直播平台的各类功能。

3．素养目标

（1）培养学生勤于思考、精益求精、专心细致的工作作风。

（2）培养学生的美学意识。

8.3.3　重点难点

（1）重点：各种直播设备的功用；直播平台的相关功能。

（2）难点：正确使用直播设备；完成平台注册并正确使用直播平台的各类功能。

8.3.4　相关知识链接

1．直播间设备

（1）手机。有人曾说："只要有一部手机，再连接上网络，就可以做直播。"虽然这句话显得很不专业，也略有些夸张，但单从技术层面来说，它还是成立的。主播只需要在手机端安装直播软件，再通过手机摄像头即可进行直播。对直播而言，手机是最重要的工具。一般来说，当主播使用手机进行直播时，至少需要准备两部手机，并且主播应该在这两部手机上同时登录直播账号。这样做的目的是保障直播能够持续进行。由于受手机电池电量、网络信号等因素制约，没有人能够保证在这个过程中，直播不会出现中断或任何意外，也没有人能说清楚在直播过程中究竟会出现哪些意外，多准备一部或几部手机有备无患。

（2）移动充电宝。一场卖货直播至少会持续两个小时，这对于手机电池的续航能力的要求非常高。因此，在进行直播前，电源也是需要考虑的重要因素。

电源插座是固定的，它会对直播画面产生一定的限制，而且在直播的过程中，主播有时需要走动，使用电源插座充电很不方便。而移动充电宝小巧、易携带，就不会存在上述问题。在使用移动充电宝充电时，也需要注意两个问题：一是携带的移动充电宝容量要足够大，避免出现手机电量充到一半时移动充电宝电量不足的情况；二是当直播手机剩余 50% 左右的电量时，主播就应该连接移动充电宝进行充电，用剩余电量的续航时间换取充电时间，确保万无一失。

（3）无线网络。直播对于网络速度的要求非常高，一旦直播间网速跟不上，出现卡顿的现象，用户很快就会流失。所以，在直播前一定要确保网络速度足够快，防止出现卡顿、滞后等现象。

目前，直播大都分为室内直播和室外直播两种。室内直播通常会配备专门的无线网络，并且减少其他设备的连接，专供直播使用，所以，网络效果一般比较好。在开始直播前，主播一定要对网络进行调试，避免出现网络问题。

室外直播没有专门的无线网络，但目前人们手机的网络已经开始按流量计算，主播可以更换包含更多流量的套餐包，这种方式比较方便，但成本较高，且不适合在手机信号不佳的场所进行；或者主播可以购买移动 Wi-Fi（无线局域网），这种方式成本低，但携带不太方便。

随着 5G 时代的到来，移动网络会更加畅通，流量价格也更低，主播在直播时网络出现故障的问题也都得到了解决。

（4）支架。要想直播画面清晰、稳定，就一定需要一个可以稳定手机的支架。手持手机进行直播不仅比较累，还会造成画面抖动，影响直播效果。直播支架通常包含固定机位直播支架和移动机位防抖直播支架两种。

由于直播设备和直播场所的固定性，固定机位直播支架通常不会过于复杂，能够起到稳定机位的作用即可。众多主播经常使用的支架有三脚架、懒人支架等。

对于手机直播的主播，尤其是室外直播的主播，就更需要防抖的支架了。目前有很多手持手机稳定器，防抖效果不错，还有一些防抖云台、平衡器等。

随着直播行业的发展，现在在网上可购买到的支架往往还有很多其他功能，如补光、美颜、蓝牙远程操控、伸缩调节高度等，可根据直播间的需求自行挑选。

（5）麦克风。热情亲切、互动能力强的主播再配以悦耳动听的声音，会更加吸引用户，所以在一场卖货直播中，麦克风也一定要配备到位，它能够更好地向用户传递主播的声音和感情。当然，麦克风也有等级、档次之分，价格从几十元到上千元不等，主播可以根据自己的实际需要进行选择。

目前，主播常用的麦克风主要有电容式麦克风和动圈式麦克风两种。

1）电容式麦克风。电容式麦克风灵敏度高，输出的声音细腻、饱满，是大多数主播首选的麦克风类型。电容式麦克风的咪头又有驻极体式和振膜式两种。驻极体式咪头价格低，大多数头戴式耳机和廉价的电容式麦克风使用的都是这种咪头，它输出电频高，可以直接连接到板载声卡上靠主板供电，但是音质较差；振膜式咪头在动态范围和灵敏度方面都强于驻极体式咪头。市场上售价很高的麦克风大都是噪声更小、灵敏度更高的大膜片电容式麦克风。

2）动圈式麦克风。动圈式麦克风一般为室外主播使用，因为它的音质特点是光滑、圆润，有自然美化的功能，并且它还具有单一指向性的特点，外界的噪声不容易进入，不需要电源供电。所以，户外主播比较喜欢使用这种麦克风。它的缺点是音量小，人声闷，清晰度和灵敏度不够好。

对室内主播来说，由于一直要与麦克风保持很近的距离，所以，动圈式麦克风使用起来不如电容式麦克风方便。

现在很多主播不仅配有麦克风，还会在直播间配置非常专业的悬臂支架、防震架和防喷网等设备，这些附加设备对主播起到的专业烘托作用可能更胜于它们在声音传送过程中发挥的作用。

（6）提词器。在现实的直播卖货中，很多主播并没有受过专业的播音主持训练，这些主播在直播时出现"口误"或其他差错也是比较普遍的现象。提词器可以是非常简单的白板，只要放在用户看不到而主播能一眼看到的地方即可。提词内容可以是简单的关键词或直播的大致流程，当然，简单的前提是主播有较好的控场能力和语言表达能力。当面对大量"台词"，如抽奖信息、活动内容时，直播间工作人员一般需要对直播进行大量的信息提示，以免主播在关键信息的处理上出现遗漏或失误。

（7）收音设备。手机的收音效果并不是很好，只能满足正常通话的需要，若是使用手机进行直播，即便是在非常安静的情况下，也有可能出现收音效果不佳、观众听不到声音的状况。更别提当主播处于嘈杂的环境时，手机就更难收到主播的声音了。这时就需要外接收音设备进行辅助收音，让主播的声音能够更加清晰地传到用户耳中。收音设备通常分为两种：在室内进行直播时，主播通常会选择蓝牙无线耳机或有线耳机；当直播间有多人发言时，主播大都选择外接线缆收音。

2．直播平台操作流程

（1）直播账号开通／平台入驻步骤（以淘宝主播为例）。

1）软件下载和安装。

①手机版：手机应用市场或 App Store 下载淘宝主播 App，商家使用店铺主号登录，达人使用后续开播的账号登录淘宝主播 App，如图 8-5 所示。

图 8-5 淘宝主播 App

②电脑版：打开网址 https：//taolive.taobao.com，选择电脑客户端下载，如图 8-6 所示。

图 8-6　淘宝直播客户端

2）勾选协议并根据提示进行实名认证。

3）实名认证通过后代表着用户的直播权限已开通。

4）登录淘宝主播 App，单击"立即入驻，即可开始直播"按钮，如图 8-7 所示。

图 8-7　立即入驻

5）勾选协议，单击"去认证"按钮，实人认证通过后，单击"完成"按钮即入驻成功，如图 8-8 所示。

（2）发布一场直播（以淘宝主播为例）。

1）手机端：如图 8-9 所示。

图 8-8　实人认证

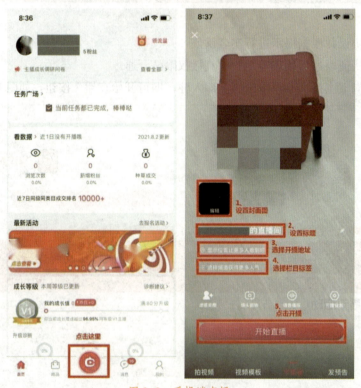

图 8-9　手机端直播

2）电脑端：如图 8-10 所示，打开登录界面后设置并查看基础信息（直播画面、互动权益、商品等），单击开始推流，最后单击开始直播，如果页面有变化以最新的页面为准。

图 8-10　电脑端直播

8.3.5　任务分组

表 8-7　学生任务
分配表

8.3.6　自主探究

任务工作单 8-17

组号：_____　姓名：_____　学号：_____　检索号：_____

引导问题 1： 简述直播设备的种类及作用。

引导问题 2： 查阅相关资料，简述直播平台的各类功能。

任务工作单 8-18

组号：_____　　姓名：_____　　学号：_____　　检索号：_____

学习任务书

学习情境	设备认识和平台测试
任务描述	主题：淘宝主播开播全流程测试。 目标：（1）能正确使用直播设备； （2）能完成平台注册并正确使用直播平台的各类功能
任务内容	（1）每个小组成员都完成账号注册和登录； （2）每个账号都完成至少 5 个商品的上架； （3）利用灯管设备将直播间灯光设置为暖色调； （4）利用声卡设备为直播间播放背景音乐； （5）在其他组员的配合下完成每个账号的试播； （6）在试播过程中完成一个商品的讲解； （7）在试播过程中进行一次抽奖活动； （8）在试播中利用声卡设备完成音效互动； （9）生成讲解视频

8.3.7　合作研学

任务工作单 8-19

组号：_____　　姓名：_____　　学号：_____　　检索号：_____

引导问题： 小组讨论，教师参与，确定任务工作单 8-17、任务工作单 8-18 的最优答案，并检讨自己的不足。

8.3.8　展示赏学

组号：_____　姓名：_____　学号：_____　检索号：_____

引导问题：每组推荐一个小组长，进行汇报。根据汇报情况，再次评价自己的不足。

8.3.9　评价反馈

任务工作单 8-21
个人自评表

任务工作单 8-22
小组内互评验收表

任务工作单 8-23
小组间互评表

任务工作单 8-24
任务完成情况评价表

项目 9　运营视觉设计

任务 9.1　直播预告文案写作

9.1.1　任务描述

完成直播预告广告文案的撰写。

9.1.2　学习目标

1．知识目标

（1）掌握直播预告广告文案的结构。

（2）掌握直播预告广告文案的撰写步骤。

2．能力目标

（1）能够撰写直播预告文案目标大纲。

（2）能够运用三种文案创作方式撰写直播预告广告文案。

3．素养目标

（1）培养学生基本的职业认知。

（2）培养学生的条理性和逻辑性思维。

（3）培养学生的资源整合能力。

（4）培养学生开拓创新思维，能够推陈出新。

9.1.3　重点难点

（1）重点：直播预告文案目标大纲撰写方法。

（2）难点：运用不同的文案创作方式撰写直播预告广告文案。

9.1.4　相关知识链接

广告大师大卫·奥格威说过：读广告标题的人是读广告正文的 5 倍，如果写的标题不吸引人，就会浪费广告商 80% 的费用。直播预告文案也是吸引用户进入直播间的第一扇门。如果直播预告文案没有吸引力，80% 的用户可能会被拦在直播间外。

好的直播预告广告文案能够将观众的痛点清晰地描述出来，让他们能够在短时间内对于直播主题有很强的认同感和需求感，这样就可以在开播前快速地拉近和用户之间的距离，使其认同直播内容的价值，推动直播的观看人数和转化率。

1．直播预告广告文案的结构

直播预告广告文案的结构见表 9-1。

表 9-1　直播预告广告文案的结构

文案结构	内容	直播预告广告文案案例分析	
广告标题	整个广告作品的题目，反映广告主题和区分不同广告的标志		1 年 × 涨薪 3 次的设计师到底强在哪里
广告内文	展开解释或说明广告主题，标题中引出的广告信息软文		高小定，稳定教育资深体验设计师……
广告附文	向受众传达企业名称、地址、购买商品或接受服务的方法的附加性文字		二维码扫码关注立即听课 + 活动时间
广告口号	广告文案的标语、广告语、广告中心词等。通常用来诠释公司企业的经营宗旨、理念及精神		无

2. 直播预告广告文案的步骤

直播预告广告文案的步骤如图 9-1 所示。

图 9-1　直播预告广告文案的步骤

3. 直播预告广告文案的目的

直播带货预告广告文案属于销售文案，承担着以"行动"为目的。其具备三个特点，即明确商品的卖点、立即购买的理由、明确的购买引导。为了帮助挖掘商品卖点、利益点等要点，寻找文案创意表达角度，从填写一份文案目标大纲（表 9-2）开始。

表 9-2　文案目标大纲

文案目标大纲		备注
明确说话对象	写给谁看？性别、年龄？习惯、偏好？……	参考任务 5.2 消费者画像分析
文案的变化结果	看完我们的文案后，他们将认识我们？改变认识？认同我们？决定行动？	
从理性上信息传达	信息 1、信息 2、信息 3……	参考任务 5.3 FABE 法则学习
从感性上情绪推动	喜欢？信任？恐惧？……	

4. 直播预告广告文案标题的创作方式

直播预告广告文案标题撰写时，需要把粉丝最关心的"痛点信息"放在标题上；切中粉丝工作和生活中的最常见场景；有共鸣，让粉丝觉得你说的内容和他有关，说的就是他自己；文字要干净，不能啰嗦；不要放利益折扣信息等，这些信息放到内容简介。

提供以下三种创作方式：

（1）方法一：卖点＋收益点。

体现商品特点，更能突出商品与用户的关联，感同身受。

卖点：卖点更具体，用户更有感。

收益点：一般都是前面的卖点，能够带来的好处。

案例1：

某某，成分修复肌肤，让皮肤更有弹性。

某某公益，特制笔尖，更顺畅的书写体验。

案例2：某品牌手机主打的卖点是前后摄像头都是2 000万像素，而这2 000万像素带来的好处就是能够让用户拍照更清晰。它的海报文案是"前后2 000万，拍照更清晰"。某品牌运动鞋的特点是柔软轻盈，而这个卖点能够给用户带来的好处是让双脚更舒适。于是，它的海报文案就是"柔软轻盈，让双脚更舒适"。

（2）方法二：痛点场景＋解决方案。

案例1：

涂口红总沾杯好尴尬（痛点）？这支口红24小时持久（解决方案）。

保险条款太复杂、看不懂（痛点），看清这五条就可以（解决方案）！

参考模板	_____的最好／实用小工具 春夏新款／秋冬潮流，就看_____

案例2：

苏宁易购418电器购物节"用新定义好生活"，推出新电器生活主义。迎合场景互联网时代，从产品、服务着手，融入新奇的玩法，把新家电生活主义带给大家。广告中的文案频繁使用到了痛点场景（图9-2）。

图9-2　某主播直播预告广告

（3）方法三：标签。

人群标签：是指一个人的属性，如年龄、性别、出生地、居住地、职场精英、时尚明星、高个子女孩、熬夜党等。

参考模板	变身_____女生，你该入手_____ 关于_____的事，宅男 / 学生党应该知道 试试明星也爱用 / 穿的_____ 关于_____该做和不该做的

案例：某知名主播直播间预告文案，经常会用人群标签的表达方式。"想要好皮肤的宝宝们一定要看我的现场直播。""想要变美的 MM 们一定要看我这次的直播，有惊喜哦！"简单来说，让用户知道可以在直播间获得一定的价值，这样就可以吸引他们进入直播间（图 9-3）。

图 9-3　某知名主播直播间截图

行为标签：通常是指要达到一些目的的行为，如上班、约会、逛街、去咖啡馆、运动瘦身、三分钟化妆等。

参考模板	5/10/20 分钟_____攻略 百 / 千元_____好物攻略 如何在 10 秒钟 /5 分钟之内_____ 21 种_____（画眉 / 阴影等）小技巧 关于 10/20 款_____（粉底 / 口红）的评测 今年 / 今夏最 in_____，都在这儿

9.1.5 任务分组

表 9-3　学生任务分配表

9.1.6 自主探究

任务工作单 9-1

组号：_____　　姓名：_____　　学号：_____　　检索号：_____

引导问题 1：阐述直播预告广告文案的撰写步骤。

引导问题 2：描述直播预告广告文案标题撰写的三种方法。

任务工作单 9-2

组号：_____　　姓名：_____　　学号：_____　　检索号：_____

引导问题 1：请选择两个商品详情页，填写该商品的直播预告广告文案目标大纲（表 9-4）。

表 9-4　直播预告广告文案目标大纲列表

直播预告广告文案目标大纲　　　填写人：		
大纲要素＼商品名称	商品 1	商品 2
明确说话对象		
文案的变化结果	看完我们的文案后，他们将……	看完我们的文案后，他们将……
从理性上信息传达	1. 2. 3.	1. 2. 3.
从感性上情绪推动		

引导问题 2：根据直播预告广告文案目标大纲完成直播预告广告的文案撰写（表 9-5）。

表 9-5　直播预告广告文案标题方案列表

直播预告广告文案标题方案　　　填写人：		
文案方法＼商品名称	商品 1	商品 2
方法 1： 卖点＋利益点		
方法 2： 痛点场景＋解决方案		
方法 3： 标签		

9.1.7　合作研学

任务工作单 9-3

组号：_____　姓名：_____　学号：_____　检索号：_____

引导问题：小组讨论，教师参与，确定任务工作单 9-1、任务工作单 9-2 的最优答案，并检讨自己存在的不足。

9.1.8 展示赏学

9.1.9 评价反馈

任务工作单 9-5
个人自评表

任务工作单 9-6
小组内互评验收表

任务工作单 9-7
小组间互评表

任务工作单 9-8
任务完成情况评价表

任务 9.2　直播预告平面广告设计

9.2.1 任务描述

完成直播预告平面广告方案设计。

9.2.2 学习目标

1. 知识目标

（1）掌握直播预告平面广告的视觉组成要素及竞品广告分析。

（2）掌握直播预告平面广告设计的工作流程。

2. 能力目标

（1）能够进行直播预告广告创意策划。

（2）能够设计制作直播预告广告。

3．素养目标

（1）培养学生的视觉营销敏锐度。

（2）培养学生规范性的职场素养。

（3）培养学生的资源查找、整合能力。

（4）培养学生的创意意识。

9.2.3 重点难点

（1）重点：直播预告广告设计的工作流程。

（2）难点：进行直播预告广告创意策划。

9.2.4 相关知识链接

1．直播预告

发布渠道：微信、微博、社群、淘宝粉丝群、淘宝、抖音。

发布形式：图片、视频、文字，本任务主要介绍图文广告的设计原理。

关键点：图片设计、文案设计、渠道矩阵。

2．直播预告广告的视觉组成

直播预告广告的视觉组成见表9-6。

表9-6　直播预告广告的视觉组成

元素	具体内容
文案	直播预告广告文案有借势型、抽奖型、直接型等。要快速通过文案引起受众的注意并引流，就要求文案必须简短、易于阅读、逻辑清晰
产品／主播	图片要与文案贴合。图片让抽象的文字描述更加具象化，带给受众视觉上的愉悦感。任务图像、商品图像是直播预告广告中常用的对象
辅助图形	提升预告广告的视觉效果，添加与主题相关联的装饰元素，点、线条、面块均可，起到丰富画面的作用
背景	背景是烘托主体的作用。背景可以是纯色背景，也可以是渐变背景，还可以通过合层的方式打造

3．直播预告广告设计的工作流程

（1）确定直播预告广告文案。确定直播预告广告文案主标题传达活动主题，广告内文表现直播产品或主播介绍文字，附文准确传达直播时间、直播平台、二维码等信息。

（2）确定海报尺寸。确定直播预告广告投放渠道及尺寸大小。尺寸必须为16∶9，海报尺寸可以设置为1 080 px×1 920 px或640 px×1 138 px。其中，1 080 px×1 920 px可以在大部分移动端智能设备满屏显示。

（3）设计素材收集。主推商品的拍摄、主播的形象拍摄。

根据主题在相关信息中提炼代表性元素（表9-7），如端午节美食主题直播，可以从传统端午节文化中提炼端午节商品的形态元素和传统节日的色彩搭配方案。

表 9-7　设计素材

直播主题类型	直播子主题类型	具体内容
节假日	中国传统节假日	二十四节气、春节、中秋节、端午节的特色商品
	文化历史节假日	劳动节、教师节、儿童节、妇女节的特色商品
	非官方主题节日	开学季、旅游季、吃货趴、泰国专场
季节	春季	春季新品、户外用品
	夏季	夏季新品、防晒、防蚊、沙滩玩具、清凉降火
	秋季	秋季新品、旅游、民宿
	冬季	冬季新品、围炉煮茶、火锅、润肤乳
商品品类	美妆	口红、润肤乳、面膜
	3C数码	耳机、手机壳、手机支架、数位板、麦克风
	厨卫	洗涤用品、餐具
	零食	薯片、饮料、糖果、自热火锅

根据本次活动标签在线下载素材，常用素材收集网站有千图网、站酷、花瓣网、超高清壁纸、全景网、SDC设计师网站、阿里巴巴矢量图标库。应建立项目素材库，对素材进行分类、保存，并应注意文件命名"项目＋内容＋序号"，方便后续使用。

（4）广告设计。

1）广告设计的类型及版式。一张精美的直播预告广告设计有可能在一瞬间打动潜在用户。直播预告广告海报的语言要求简明扼要，画面元素间从大小、色彩上营造强视觉冲击力，直观传达信息。

①类型。从视觉表现形式划分，广告设计可分为纯文字广告、图文类广告、插画类广告三种。其中，图文类广告又可分为以商品和主播为画面主体两种类型。

a．纯文字广告。纯文字广告公式是文案＋辅助图形＋背景。纯文字广告的特点是将文字图形化作画面主体，向直播活动受众传递商品、宣传服务等信息的表现类型，如张朝阳初次直播带货倒计时预告广告，均采用了纯文字表现。汉字自带象形、诗意的造型特点，以汉字为主的广告设计信息传达明确，可以拥有很多的表现形式，赋予画面以灵动多变的视觉效果。文字排版决定了广告50%的成功率（图9-4）。

图 9-4　张朝阳初次直播带货预告广告

b．图文类广告。图文类广告公式是文案＋产品／主播＋辅助图形＋背景。图文类广告是最为常用的表现形式，符合大众读图习惯。

主体为商品的广告：适用于新手主播或不固定主播。可设计产品组合或有视觉冲击力的单品。

主体为主播的广告：适用于固定主播或邀请嘉宾。当海报主体以主播或嘉宾为主，单人海报人物占据版面的 2/3，多人海报采用矩形、三角形的构图即可。先确定框架，再搭建骨架。

c．插画类广告。插画类广告公式是文案＋图形＋背景。插画类广告画面元素简洁、圆润和可爱，具有亲和力（图 9-5）。

图 9-5　插画类直播预告广告

②版式。文案＋主播／商品＋背景组成了画面的三要素，版式将这三个元素有规律地摆放，一定要满足画面中有且只有一个突出的主体（可文字、可商品、可主播）。在广告图中，构图最忌讳的是整齐划一、主次不分、中规中矩，这样不仅没有创意，还容易失去用户的关注。下面就以几个广告图为例来解释几种构图的方法（图9-6）。

图9-6 广告图版式

版式一：左字右图，适用于聚焦文案后看图片。

版式二：左图右字，适用于聚焦图片后看文字。

图片文案两边分，这是最便捷也是最不容易犯错的构图方法，也就是把图片各放一边，但在文案排版上一定要突出中心点。图片和文字左右三七分，是非常舒适的视觉比例，且整体画面具有很强的层次感和节奏感！

版式三：对角线构图，适用于聚焦动态视觉，特点是具有立体感、延伸感、动态感、变化感。

版式四：中心构图，适用于大主体、圆形广告画面，是直播预告广告标准化展示。构图将文字或图形的某一元素集中放大，且整个画面的走向围绕此因素。

版式五：紧凑式构图，适用于食物、饰品细节，特点是画面饱满、紧凑、细腻。画面有疏密关系，就如涟漪、太阳，具有一种向心或离心的自由发射状构图。

2）配色。版式确定之后，配色，加血肉。两个及两个以上的颜色放在一起就存在对比关系。如图9-7所示的24色色相环，离得越近的颜色，色彩对比度越弱，离得越远的颜色，色彩对比度越强。选择不同的色彩对比关系，营造不同的视觉感官效果。黑白灰属于中性色，能与任何色彩搭配达到和谐、缓解的作用，调和色彩搭配，突出其他颜色。

3）细节。有了血和肉之后，要给画面加衣服，让画面生动起来，主要是背景、氛围、光影等细节处理。

①纯色背景：干净、简洁。

②色块拼接背景：时尚、丰富。

③场景合成：烘托主体。

④漂浮元素：点缀、营造气氛。

⑤光影：立体、真实。

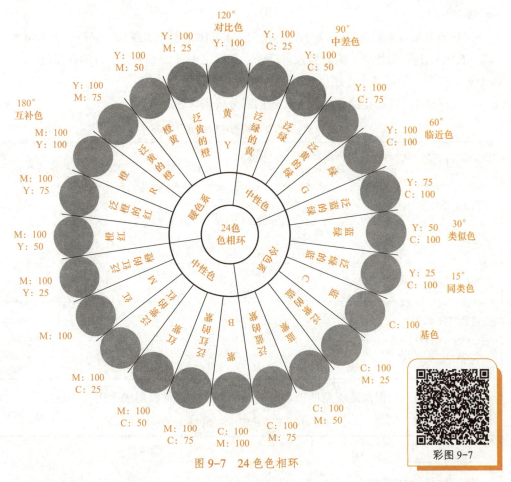

图9-7　24色色相环

4．审核

广告设计后一定要加上效果图或样机图，模拟真实展示效果。观察实际上线效果和预期是否相同。如果有不足，可以及时调整。

9.2.5　任务分组

表9-8　学生任务分配表

9.2.6 自主探究

任务工作单 9-9

组号：_____ 姓名：_____ 学号：_____ 检索号：_____

案例引入：

打开淘宝某商品的旗舰店或公众号，了解公司现在主推的商品，策划一个本年度"双11"（6.18 或其他购物节）的直播预告广告。在网络中寻找 5 个同类目的直播预告广告，作为竞品广告，分析各个竞品广告的创意优点、缺点。

引导问题 1：填写竞品直播预告广告创意分析表（表 9-9）。

表 9-9　竞品直播预告广告创意分析表

类目	展现形式 （图片、辅助图形、背景）	创意点	广告文案
竞品广告 1			
竞品广告 2			
竞品广告 3			
竞品广告 4			
竞品广告 5			

引导问题 2：根据商品创意所需填写直播预告广告素材收集表（表 9-10）。

表 9-10　直播预告广告素材收集表

项目	经验
收集素材的平台	
收集素材的技巧	
素材分类、存储的做法	
其他	

任务工作单 9-10

组号：_____ 姓名：_____ 学号：_____ 检索号：_____

案例引入：

延续任务工作单 9-9 的案例，设计直播预告广告。

引导问题 1：填写直播预告广告创意策划与设计表（表 9-11）。

表 9-11　直播预告广告创意策划与设计表

策划内容	结果展示
广告目标	
广告创意点	
广告展现形式	
广告文案	
广告主题色彩	

引导问题 2：填写直播预告广告制作表（表 9-12）。

表 9-12　直播预告广告制作表

项目	经验
制作软件有哪些	
软件优点、缺点	
遇到的问题及解决办法	
作品贴图 （不要变形）	

9.2.7　合作研学

任务工作单 9-11

组号：_____　姓名：_____　学号：_____　检索号：_____

引导问题：小组讨论，教师参与，确定任务工作单 9-9、任务工作单 9-10 的最优答案，并检讨自己存在的不足。

9.2.8 展示赏学

组号：_____ 姓名：_____ 学号：_____ 检索号：_____

引导问题：每组推荐一个小组长，进行汇报。根据汇报情况，再次评价自己的不足。

9.2.9 评价反馈

任务工作单 9-13 个人自评表　　任务工作单 9-14 小组内互评验收表　　任务工作单 9-15 小组间互评表　　任务工作单 9-16 任务完成情况评价表

任务 9.3　直播封面设计

9.3.1　任务描述

完成直播封面设计及制作。

9.3.2　学习目标

1. 知识目标

（1）掌握直播封面视觉营销要点。

（2）掌握直播封面素材角度拍摄方法。

2. 能力目标

（1）能够进行直播封面创意策划。

（2）能够设计制作直播封面。

3. 素养目标

（1）培养学生对数据发现问题的能力。

（2）培养学生的主题摄影能力。

（3）培养学生的开拓创新思维。

（4）培养学生的审美能力。

9.3.3 重点难点

（1）重点：直播封面视觉营销要点。

（2）难点：直播封面创意策划及设计制作。

9.3.4 相关知识链接

直播间的封面相当于淘宝单品的主图，其作为用户接触直播的第一环节，可以建立直播间特色、吸引用户点击，所以，封面也会影响点击率，一张好的封面对于直播来说非常重要。

1. 淘宝直播官方规定

淘宝直播官方规定：封面应当遵循，一是图片清晰，不要掺杂文字或其他信息，也就是说图片上不能撰写文案；二是要易懂，图片内容可以是主播照片，或者与主播有关的东西，让一般人看得懂；三是高品质，图片内容高级有档次，内容不能过多。使用单张图片，不能拼接。平台认为的高品质，其实就是简单、淡色的背景，整体统一，主题突出。

淘宝直播间有两张封面要做，一个是 1∶1 的；另一个是 16∶9 的。两张封面的内容统一和一致。封面需要考虑固定信息的展现。具体尺寸实例见表 9-13。

表 9-13　淘宝直播间封面尺寸

尺寸	实例
淘宝直播间封面尺寸	
1∶1（频道内的封面格式） 750 px 宽 ×750 px 高 550 px 宽 ×550 px	 直播观看人数
16∶9（手淘首页的封面图片比例） 390 px 宽 ×750 px 高 750 px 宽 ×950 px 高	

2. 直播封面视觉营销要点转化

掌握直播封面视觉营销核心，赢得用户的点击（图9-8）。

图9-8　直播封面图视觉营销核心

（1）主题突出的直播封面（买家心理把控）。封面应该展现出该场直播主题，符合所在频道定位。每张封面为一个主题，且信息传达准确。在用户没有进入直播间之前，展现一套完整的搭配，抓住用户的眼球，使其有进入直播间的冲动，进而产生购买行为。

直播封面的主题就是要让用户知道图片表达的意思。根据直播间用户画像，将用户需求（痛点）作为设计封面的重点考虑因素。了解商品的调性和定位，找到商品的特点与潜在用户审美需求结合点，提炼简洁、高效、单刀直入的直播封面。例如，一个对穿搭建议有需求的用户，在浏览直播时，最关心的可能不是主播的颜值、衣服的品牌，而是整体效果。

根据封面的特点，直播封面可分为颜值引流、爆款引流、溯源引流，从商品特征出发，搭配不同的引流方式，最大程度吸引用户点击。

1）颜值引流。颜值类封面，重点展示主播或代言人，以外形吸引用户点击，这样的封面再巧妙地配合商品的一些要点，会给人一种清新脱俗的感觉，让用户有进入直播间一睹真容的冲动。

2）爆款引流。例如，将火锅零食化的自热小火锅，作为朋友圈爆款，目前热度很高，而它又恰好和直播间其他商品处于同一类目，可以直接将这一网红爆款作为封面，吸引用户进入直播间观看。

3）溯源引流。通过所处地点表达主题，增加货源真实性，同时获得用户的信任，并选择进入直播间。对于地域标签特别明显的商品，可以直接选择商品的产地作为封面背景，能让用户有身临其境的感觉，吸引其对直播间产生兴趣而进入，继而增加直播间流量。

（2）主体突出的直播封面（买家视觉把控）。营造一个唯美而高级的直播封面，是需要在第一时间内，有一个重点能快速抓住用户的眼球，对用户的注意力进行吸引。人眼观看的视觉中心区域是有限的，当视线停留在某个区域时，这个区域称为视觉焦点。焦点区域内的内容是受众重点观看的部分，而焦点区域外的内容就会变得模糊。因而，在焦点区域内加强视觉元素的感知，让受众更好地进行信息接收，这样用户才能对直播页面产生兴趣，从而引发点击的动机。

那么要想抓住用户的注意力，封面的重点可以通过大小比例、色彩对比、拍摄角度、留白等方法，帮助画面主体鲜明、图片清晰、主体适中、主题明确、符合频道定位，吸引用户眼球。

1）通过大小比例突出主体。直播封面上的主体可以是主播，也可以是商品。准确的信息量应清晰易懂、重点突出。封面中不能掺杂文字，要让图片"说话"，适当地放大产品特点，让用户一眼就知道卖的是什么商品。

在淘宝直播点击率高的封面，往往就是主体非常突出醒目的。如果页面元素都很碎，看起来非常乱没有主体，那么可以尝试把主播的尺寸做到更大，颜色做到更黑，也可以考虑 3 : 7 的比例关系，让主体和其他物体的大小差别拉大，制造大小对比、视觉反差。

2）通过颜色突出主体。颜色的用法也需要非常合理，如果盲目地添加颜色，也会让页面变得更为低俗，所以在颜色上面可以遵循以下三种方式：

①直播封面图片主色不要超过 3 种。页面的颜色越多，实际上档次越上不去，仔细观看那些非常有高级感的画面，配色大多数都不会超过 3 种，颜色越少，高级感越强。暖色系的视觉冲击力最强。

②定义色彩关系对比。结合任务 9.2 学习的关于 24 色色相环知识点，考虑好色彩对比关系的处理。同时，在搭配画面色彩中，也应注意将色彩的鲜艳度做适当的调节。红色和蓝色属于对比色，可以考虑使用红灰色或粉红色搭配，会使两个色彩既能传达鲜明个性，又能够协同融合。另外，面积比例规避 1:1 的比例，营造 1:3 的色彩比例关系，从色彩层面表现出主体突出的要点。

③定义颜色的明暗区间。直播封面图片中的元素是需要明暗差异的，这样会强调画面的主次关系。可根据商品本身的色彩的明暗去搭配，暗色搭配浅色，浅色搭配暗色，明暗色比例也避免 1:1，常用 1:3 制造反差。

④通过拍摄角度突出主体。直播封面空间有限，主体聚焦突出是首要的任务。不同的拍摄角度带给买家不同的视觉感受，不同的角度可体现其有差异的外貌特点和立体感。适合直播封面的商品拍摄角度有水平视角、仰视视角、俯视视角，它们分别具备以下优势：

a．水平视角：端庄、稳定、有气质、平等、亲切。

b．仰视视角：敬仰、有身份。

c．俯视视角：产品全貌、空间感。

根据想聚焦的主体特征，选择合适的商品角度，抓住用户的眼球，聚焦卖点。

3．直播封面图审核

（1）展现方式：效果图、细节图、表达想法。

（2）评判标准：请 1～2 周更换一次封面主图，放在平台里测试，测试数据最高者可选用。

9.3.5　任务分组

表 9-14　学生
任务分配表

9.3.6　自主探究

任务工作单 9-17

组号：_____　姓名：_____　学号：_____　检索号：_____

案例引入：

打开淘宝某商品的旗舰店或公众号，了解公司现在主推的商品，设计一个本年度"双11"（6.18 或其他购物节）直播封面。请在网络中寻找 5 个同类目的直播预告广告，作为竞品直播封面，分析各个直播封面创意的优点、缺点。

引导问题 1：填写竞品直播封面创意分析表（表 9-15）。

表 9-15　竞品直播封面创意分析表

类目	主题突出		主体突出		观看人数
	颜值引流、爆款引流、溯源引流		色彩、拍摄角度、留白、大小比例		
竞品封面 1					
竞品封面 2					
竞品封面 3					
竞品封面 4					
竞品封面 5					

引导问题 2：根据该商品创意所需填写直播封面素材拍摄表（表 9-16）。

表 9-16　直播封面素材拍摄表

项目	经验
拍摄对象（主播 / 产品）	
拍摄色彩搭配	
拍摄构图	
拍摄角度	
拍摄环境	
拍摄数量	

任务工作单 9-18

组号：_____ 姓名：_____ 学号：_____ 检索号：_____

案例引入：

延续任务工作单 9-17 的案例，设计直播封面。

引导问题 1：填写直播封面创意策划与设计表（表 9-17）。

表 9-17 直播封面创意策划与设计表

策划内容	结果展示
设计目标	
设计创意点	
设计展现形式	
主题色彩	

引导问题 2：填写直播封面制作表（表 9-18）。

表 9-18 直播封面制作表

项目	经验
制作软件有哪些	
软件的优点、缺点	
遇到的问题及解决办法	
作品贴图（不要变形）	

9.3.7 合作研学

任务工作单 9-19

组号：_____ 姓名：_____ 学号：_____ 检索号：_____

引导问题：小组讨论，教师参与，确定任务工作单 9-17、任务工作单 9-18 的最优答案，并检讨自己存在的不足。

9.3.8 展示赏学

组号：_____ 姓名：_____ 学号：_____ 检索号：_____

引导问题： 每组推荐一个小组长，进行汇报。根据汇报情况，再次评价自己的不足。

9.3.9 评价反馈

任务工作单 9-21
个人自评表

任务工作单 9-22
小组内互评验收表

任务工作单 9-23
小组间互评表

任务工作单 9-24
任务完成情况
评价表

拓展阅读：直播
封面优劣质案例
详解

拓展阅读：门店
& 本地导购直播
封面要求

模块 **5**

直播流程及模拟

项目 10　直播流程及模拟

任务 10.1　热场环节模拟

10.1.1　任务描述

完成一次小组直播间热场环节的设计。

10.1.2　学习目标

1. 知识目标

（1）掌握直播开场和结束阶段的话术。

（2）掌握直播间的氛围管理方法。

2. 能力目标

（1）能够完成直播开场和结束阶段的话术设计。

（2）能够完成并优化直播间热场环节的设计。

3. 素养目标

（1）培养学生以人为本的理念。

（2）培养学生精益求精的工作作风。

10.1.3　重点难点

（1）重点：直播开场和结束阶段的话术；直播间的氛围管理方法。

（2）难点：完成直播开场和结束阶段的话术设计；完成并优化直播间热场环节的设计。

10.1.4　相关知识链接

1. 开场阶段的话术

开场是直播的重要环节，是决定用户是否会留下来的关键时间段，即使是简短的开场，也需要调动直播间的气氛，否则主播将无法在后续的直播中取得良好的效果。一个良好的开场是展示主播风格，吸引用户的关键。

（1）暖场欢迎话术。在正式开始直播前，用户陆续进入直播间，主播需要用一些话术来暖场。可参考的暖场欢迎话术如下：

1）欢迎朋友们来到我的直播间，主播是新人，希望朋友们多多支持！多多捧场！

2）欢迎各位同学，大家晚上好，大家能听见我的声音吗？听得见的回复"1"。

3）废话不多说，先来抽一波福利！

（2）自我介绍话术。直播时，通常会有很多新用户进入直播间。因此，主播需要做一个能够展示个性的自我介绍，从而让用户快速记住。

（3）开场话术。正式开场时，主播可以先向用户透露与用户相关的利益，从而留住用户。可参考的开场话术如下：

1）福利引导：今晚有福利抽奖，本场半个小时进行一次，大家千万别走开。

2）目标引导：欢迎大家来到我的直播间，今晚我会给大家分享 Word 小技巧，帮你半小时轻松搞定毕业论文排版。

3）效果引导：今天会给大家分享几个汽车保养小技巧，你学会了也可以成为汽车养护"达人"。

（4）引导关注话术。主播及助理需要在直播过程中引导用户关注直播间，从而将直播平台的公域流量转化为自己的私域流量。可参考的引导关注话术如下：

1）喜欢的家人请关注我们的直播间哦！

2）关注我们的直播间，每晚八点不见不散！

3）关注直播间，才有机会抽取福袋。

4）谢谢大家的关注，喜欢我们的直播间，一定不要忘记分享给你身边的朋友。

2. 结束阶段的话术

直播的结尾也非常重要。在结束阶段，主播及助播需要感谢用户的点赞、转发和关注，并给主播送礼物，也需要预告下一场直播，还需要感谢直播团队的辛苦配合。可参考的结束阶段的话术如下：

（1）我每天直播时间是从 ×× 点到 ×× 点，风雨不改，记得每天准时来看哦！

（2）非常感谢各位朋友的观看，希望今天的分享能让大家有所收获！

3. 直播间的氛围管理方法

直播时，主播不能只是按照准备好的话术自顾自地介绍商品，还需要根据直播间的实际情况，引导用户热情地互动，以提升直播间的互动氛围。在任何一个环节，热烈的氛围可以感染用户，吸引更多的用户进入直播间观看直播，在直播间参与互动，甚至产生购买行为。直播间的互动玩法主要包括派发红包和送福利。

（1）派发红包。

1）派发红包的步骤。派发红包有约定时间和在直播间发红包两个步骤。

①约定时间。约定时间，即在正式派发红包之前，主播要告诉用户，自己将在 5 分钟或 10 分钟后准时派发红包。这样的预告，一方面可以活跃直播间的气氛；另一方面可以快速提高直播间的流量。

②在直播间发红包。到约定时间后，主播就要在直播间发红包。主播可以与助播一

起，为派发红包开启一个"倒计时"，以增强活动的气氛，同时，也可以让用户产生领取红包的紧张感。

2）直播间派发红包的策略。直播间的在线人数不同，主播派发红包的方式也有所不同。在此以在线人数不足50人的新直播间和在线人数超过200人的成熟直播间为例，介绍派发红包的不同技巧。

①在线人数不足50人的新直播间。新直播间前期粉丝数量很少，主播使用派发红包的方式可以提升直播间的人气，解决直播间在线人数太少、无人互动的尴尬局面。

②在线人数超过200人的成熟直播间。一般情况下，当直播间在线人数超过200人时，主播就不需要在粉丝群发红包了。直播间已经拥有一定的人气基础，主播直接在直播间派发红包的效果可能会更好。

（2）送福利。送福利也是主播在直播间常用的互动技巧。送福利的首要目标是让用户在直播间停留，激起直播间的互动氛围；其次，才是吸引用户关注直播间并产生购买行为。为了实现这两个目标，送福利的设计要遵循以下两个原则：

1）作为福利的奖品应该选择主播推荐过的商品，可以是新品，也可以是前期的爆品。这样，奖品对用户才有吸引力。

2）整个送福利过程要分散进行，主播不能集中送福利。主播可以设置多个福利奖项，每到达一个直播节点，如进入直播间的人数、点赞人数或弹幕数达到多少，就送出一个福利奖项。这样，主播就可以多次利用送福利来不断地激发用户的参与兴趣，从而尽可能地保证整场直播的活跃。

基于这两个原则，主播可以在直播间发起3种形式的"送福利"，即连续签到送福利、回答问题送福利、点赞送福利。

①连续签到送福利。连续签到送福利，即主播按照签到天数抽奖。每天定时开播的主播可以在直播间告知用户：只要用户连续七天都到直播间评论"签到"，并将七天的评论截图发给主播，当助播核对评论截图无误以后，即可赠予用户一份奖品。

②回答问题送福利。回答问题送福利，即主播可以根据商品详情页的内容提出一个问题，让用户到商品详情页中找答案，然后在评论区评论。主播和助播从回答正确的用户中抽奖，被抽中的用户，可以得到主播送出的一份奖品。

③点赞送福利。点赞送福利是指主播给用户持续的停留激励，可以让黏性高、闲暇时间多的用户长时间停留在直播间，而黏性一般的用户也会因为送福利活动而不断地进入直播间，并在直播间点赞。这样就会提高直播间的用户回访量，从而增加直播间的观看人数。

知识拓展：销售
话术

10.1.5　任务分组

表 10-1　学生任务分配表

10.1.6　自主探究

任务工作单 10-1

组号：_____　　姓名：_____　　学号：_____　　检索号：_____

引导问题 1：简述直播开场阶段话术的种类。

引导问题 2：简述直播间的氛围管理方法。

任务工作单 10-2

组号：_____　　姓名：_____　　学号：_____　　检索号：_____

引导问题 1：设计直播间的开场和结束阶段话术。

引导问题 2：设计直播间的热场环节，并根据设计优化任务工作单 7-2 直播脚本的直播流程，完成表 10-2 的填写。

表 10-2　直播脚本的直播流程

直播流程				
时间段	流程安排	人员分工		

10.1.7　合作研学

任务工作单 10-3

组号：_____　　姓名：_____　　学号：_____　　检索号：_____

引导问题：小组讨论，教师参与，确定任务工作单 10-1、任务工作单 10-2 的最优答案，并检讨自己存在的不足。

10.1.8　展示赏学

任务工作单 10-4

组号：_____　　姓名：_____　　学号：_____　　检索号：_____

引导问题：每组推荐一个小组长，进行汇报。根据汇报情况，再次评价自己的不足。

10.1.9 评价反馈

任务工作单 10-5　任务工作单 10-6　任务工作单 10-7　任务工作单 10-8
个人自评表　　小组内互评验收表　小组间互评表　任务完成情况评价表

任务 10.2　带货环节模拟

10.2.1　任务描述

扫描二维码观看一场知名主播或知名品牌的直播，与小组成员完成一场淘宝直播。

视频：直播片段
节选

10.2.2　学习目标

1．知识目标

（1）掌握直播间促销策略。

（2）掌握直播间用户管理。

2．能力目标

能够完成一场直播营销活动。

3．素养目标

（1）培养学生团结协作和换位思考的能力。

（2）培养学生爱岗敬业的精神。

10.2.3　重点难点

（1）重点：直播间促销策略；直播间用户管理。

（2）难点：完成一场直播营销活动。

10.2.4 相关知识链接

1. 直播间促销策略

（1）节日型促销。直播间的节日型促销，是指利用春节、元宵节、劳动节、儿童节、端午节、母亲节、父亲节、国庆节、中秋节、元旦等传统及现代的节日进行促销活动，以吸引大量用户到直播间购物。

对于各种线上和线下的零售渠道而言，每个节日都是一个促销机会。但节日不同，促销策略也应有所差异。开展节日型促销，需要做好以下三个环节：

1）确定促销时间。虽然是节日型促销，但并不意味着促销活动只能在节日当天进行，也不意味着促销活动只有一天。甚至，对于某些节日来说，节日当天反而并不是最佳的促销时间。以春节为例，在春节开展促销，并不是在"大年初一"开展促销，而是应该在"春节前七天"就开展促销。因为这段时间是人们采购过年物品的主要时间。

2）确定促销主题。不同的节日有不同的促销主题设计方法。可供参考的节日型促销主题关键词见表10-3。

表10-3　节日型促销主题

节日	促销主题关键词	举例
春节	过年、红包、送礼	送给父母的过年礼物，年货节好物清单
元宵节	猜谜	共设谜语××条，猜对谜语赠送礼品
情人节	浪漫、爱情、甜蜜	情人节女士礼物篮，情人节男士礼物篮
劳动节	长假、福利	五一小长假福利，五一长假低价总动员
儿童节	儿童节、童年、快乐、回忆	给孩子的礼物，找回童年
母亲节/父亲节	母爱、父爱	给母亲的礼物，给父亲的礼物
教师节	恩师	教师节"走心"礼物，致敬可爱的老师
国庆节	国庆、长假	国庆放"价"，国庆福利
中秋节	金秋、中秋、团圆、月饼	金秋"豪"礼
元旦	新年、元旦、跨年	跨年福利大放送

3）确定促销商品和价格。确定促销主题后，即可依据主题选择符合主题的商品，并确定合适的促销价格。需要注意的是，促销价格需要有吸引力，但是，并不是价格越低越好。因此，在确定促销商品和价格时，直播团队要通过准确定位、诚信选品、适当让利的方式让用户觉得在直播间购物是"划算的"，从而相信直播团队。

（2）时令型促销。在直播间，时令型促销可分为两种，一种是清仓型促销；另一种是反时令促销。

1）清仓型促销。清仓型促销是在一个季节过去大半时将前段时间的热销商品进行一波"清仓大甩卖"，或者是针对销量较低的商品以"甩卖""清仓"的名义让喜欢低价的用户前来"抢购"；又或者是在新品即将上市时，将上一代商品以"尾货清仓"的名义降价销售；又或者是在年底集中进行"年末清仓"。

2）反时令促销。反时令促销是指销售与季节需求不符的商品。大多数用户的消费习惯都是按时令需求进行消费，缺什么才买什么。销售商品的商家一般也是如此，即按时令需求供货。有明显夏季和冬季需求属性的商品容易积压在仓库。这就增加了商家的经营成本。因此，对于生产厂商而言，他们很可能愿意以较低的价格出售仓库里的过季商品。而直播团队与这些商家合作，也就更容易得到有吸引力的价格支持。

2. 直播间的用户管理

直播团队进行直播间用户的管理，首先要了解进入直播间的用户类型和用户心理。根据用户在直播间的购物意愿，进入直播间的用户可分为高频消费型用户、低频消费型用户、随便转转的平台老用户和直播平台新用户四种类型。不同类型的用户，对直播间的期待是不同的。

（1）高频消费型用户。高频消费型用户，即经常在直播间购买商品的用户。这类用户已经通过长期在线与主播互动，以及大量的购买行为积累了与主播较为深厚的社交关系，这些用户有稳定且习惯的购物环境和购物预期。对于这类用户，直播团队进行直播间的营销管理要做到以下几点：

1）确保直播间品类的丰富度。

2）确保商品质量可靠并拥有价格优势。这一类型用户经常进入主播的直播间，主要目的是购物。而高质量的商品和较低价格的商品，是吸引用户在直播间购买商品的主要原因。

3）积极互动。这一类型的用户之所以会对主播的直播间产生较大的兴趣，除上述两个原因外，还因为他们能在主播的直播间得到一种情感上的满足。

（2）低频消费型用户。低频消费型用户可能已经认识主播很久了，但只是偶尔进入主播的直播间，且在直播间购物的次数也很少。之所以会出现这样的情况，主要原因可能有三点：一是用户不信任主播，担心商品的质量问题和售后问题；二是用户没有在直播间看到自己想要购买的商品；三是经济条件限制，用户觉得直播间商品的价格过高。基于此，直播团队可以通过以下方法提升这一类型用户的黏性：

1）提升用户对主播及直播团队的信任度。主播需要专业而客观地介绍商品的特点、优势及不足之处，以便让用户快速了解某一款商品是否适合自己。

2）让用户在直播间找到自己喜欢的商品。直播团队不但要提升直播间商品品类的丰富度，还要注意提升同一商品的规格丰富度。

3）让在意价格的用户在直播间产生购买行为。直播团队需要时常针对这类用户策划福利活动，如提供新客专属福利、"新粉"专属福利，或者定期抽奖、定期赠送优惠券等，降低这类用户的购物门槛。

（3）随便转转的平台老用户。随便转转的平台老用户通常对电商直播的模式有所了解，已经在其他主播的直播间产生过购物行为，且已经关注过一些其他主播。但他们关注的主播可能在这个时间没有开播，或者关注的主播直播间没有想要购买的商品，因而在直播平台随便看看，偶然转到了主播的直播间。这种类型的用户只是偶然进入主播的直播间，还没有建立对主播的认知和信任，对主播推荐的商品还处于观望状态。对于这类用户，直播团队可以通过以下两种方法让其成为自己的高频消费型用户：

1）提供新客专属福利。直播团队可以对新用户提供专属福利，如额外赠送商品、价格减免等，以降低其试错成本。

2）建议其购买性价比高的爆款商品。由于爆款商品的口碑较好，能增加用户对直播间的好感度及建立用户对直播间的初步信任，因此，直播团队可以用价格低、品质有保证、口碑较好的商品吸引用户进行第一次消费，增加其再次光顾直播间的可能性。

（4）直播平台新用户。直播平台新用户可能只是朋友介绍或受媒体影响才尝试去观看直播。这类用户的习惯购物渠道是电商平台，而不是直播平台。他们还不太了解直播"带货"模式，对直播"带货"主播的信任感也不强，也不太清楚直播间购物的操作模式，不知道如何领取优惠券、参与抽奖。对于这类用户，直播团队需要做到以下几点来吸引他们在直播间尝试购物：

1）展现热情和专业度。

2）加强消费引导。强调在直播间购买商品所能得到的优惠，要利用优惠券、红包、抽奖等活动来降低用户的尝试门槛，增强用户的购买意愿。

3）积极引导关注。

3. 推荐商品阶段的话术参考

直播营销的核心是推荐商品。而在推荐商品阶段，直播团队也需要事先设计好一定的话术，以尽可能地引导用户产生购买行为。

（1）氛围话术。氛围话术，即主播通过一定的话术调动用户的情绪，以及让直播间的购物气氛保持活跃。可参考的氛围话术如下：

所有美眉们，你们准备好了吗？3、2、1链接来喽！

天啊！这也太好看了吧！好想拥有哦！

学完这门课，真的，你的领导就不会再嫌弃你×××了！

（2）荐品话术。荐品话术，即商品描述话术，是主播告知用户一款商品的亮点在哪里，与其他竞品相比好在哪里。可参考的荐品话术如下：

走在大街上，人们会忍不住多看你一眼！

自然光下的皮肤都会折射出非常漂亮的光泽感。

这是那种下过小雨之后树林的沁人心脾的味道。

（3）导购话术。导购话术，即主播告诉用户为什么要购买这款商品，为什么现在就要下单。可参考的导购话术如下：

这款产品很多小红书博主都"种草"过，只要你用过，你就会想把它推荐给其他人！

之前我们直播间已经卖出了2万件了！

这款产品我已经"空瓶"了好几次了，甚至出差我都要带着它！

（4）催单话术。催单，也是导购的一个环节。关键是主播如何使用话术给用户制造紧迫感，促使用户马上做出决策并下单购买。可参考的催单话术如下：

这款特价产品今天只有200份，卖完就没有了！

今晚直播间的××商品价格真的非常优惠了，以后不会再有这么优惠的价格了！

这次活动力度真的很大，错过了你会后悔的！

（5）转场话术。主播推荐完一款商品，需要自然过渡到推荐另外一款商品或另外一个环节。主播这就需要使用转场话术。可参考的转场话术如下：

说到这个我想起我之前一个好玩的事情了，你们听了一定超感慨。

好的，接下来我给大家分享一个案例，相信很多用户都会有类似的经历。

接下来要分享一些"干货"。

当然话术和技巧还有很多，这里就主要介绍以上几种。

10.2.5　任务分组

表 10-4　学生任务分配表

10.2.6　自主探究

任务工作单 10-9

组号：_____　　姓名：_____　　学号：_____　　检索号：_____

引导问题 1： 简述直播间促销策略。

引导问题 2： 简述直播间用户管理的方法。

任务工作单 10–10

组号：_____ 姓名：_____ 学号：_____ 检索号：_____

学习任务书

学习情境	直播模拟
任务描述	主题：淘宝主播直播模拟。 目标：能够完成一场直播营销活动
任务内容	（1）可根据任务工作单 2–14 的分工进行直播分工； （2）确定唯一账号为直播模拟账号； （3）直播模拟账号带货商品不少于 10 个； （4）为直播设置主题、封面和时间； （5）直播模拟流程完整且时间不少于 1 小时； （6）生成完整的直播视频和各个产品的讲解视频

10.2.7　合作研学

任务工作单 10–11

组号：_____ 姓名：_____ 学号：_____ 检索号：_____

　　引导问题：小组讨论，教师参与，确定任务工作单 10–9、任务工作单 10–10 的最优答案，并检讨自己存在的不足。

10.2.8　展示赏学

任务工作单 10–12

组号：_____ 姓名：_____ 学号：_____ 检索号：_____

　　引导问题：每组推荐一个小组长，进行汇报。根据汇报情况，再次评价自己的不足。

10.2.9 评价反馈

任务工作单 10-13
个人自评表

任务工作单 10-14
小组内互评验收表

任务工作单 10-15
小组间互评表

任务工作单 10-16
任务完成情况评价表

任务 10.3   直播复盘及优化

10.3.1   任务描述

如图 10-1 所示，查阅直播账号的 PC 直播中控台数据，完成直播复盘及优化。

图 10-1   PC 直播中控台

10.3.2   学习目标

1. 知识目标

（1）掌握直播复盘的基本步骤。

（2）掌握直播复盘的数据分析。

2．能力目标

（1）能够编制数据分析报告。

（2）能够优化带货商品、直播脚本及产品手卡。

3．素养目标

（1）培养学生的美学意识。

（2）培养学生的创新精神和敬业精神。

10.3.3 重点难点

（1）重点：直播复盘的基本步骤；直播复盘的数据分析。

（2）难点：编制数据分析报告；优化带货商品、直播脚本及产品手卡。

10.3.4 相关知识链接

1．直播复盘的基本步骤

一般情况下，直播复盘可分为回顾目标、描述过程、分析原因、提炼经验、编写文档 5 个基本步骤。

（1）回顾目标。直播复盘的第一步是回顾刚刚结束的直播的目标。

目标是否达成是评判一场直播成功与否的标准。将直播的实际结果与目标进行对比，直播团队就可以明白一场直播的营销成绩究竟如何。

回顾目标的环节拆分后有展示目标、对比结果两个小步骤。

1）展示目标。在直播之前，直播团队往往已经根据实际情况制订了合适的目标。此时，只需要把目标展示出来即可。

2）对比结果。对比结果，即直播团队将直播的实际达成结果与希望实现的目标进行对比，发现两者的差距。在后续的复盘过程中分析造成这种差距的原因，探究实现目标的有效方法。

（2）描述过程。描述过程是为了找出哪些操作过程是有益于目标实现的，哪些操作过程是不利于目标实现的。描述过程是分析现实结果与希望目标差距的依据。因此，在描述过程时，需要遵循以下 3 点原则：

1）真实、客观。直播团队需要对直播的整个工作过程真实、客观地记录，不能主观地美化，也不能进行有倾向性地筛选。

2）全面、完整。直播团队需要提供直播过程中各个方面的信息，而且每个方面的信息都需要描述完整。

3）细节丰富。直播团队需要描述在什么环节，谁用什么方式做了哪些工作，产生了什么结果。

（3）分析原因。分析原因是直播复盘的核心步骤。直播团队只有把原因分析到位，整个复盘才是有成效的。

分析原因时，直播团队可以从"与预期不一致"的地方入手，开启连续追问"为什么"模式，经过多次追问后，往往能探究问题背后真正的原因，从而找出真正的解决办法。

追问"为什么",可以从以下3个角度展开追问：

1）从"导致结果"的角度，问"为什么会发生？"

2）从"检查问题"的角度，问"为什么没有发现？"

3）从"暴露流程弊端"的角度，问"为什么没有从系统上预防（事故／糟糕结果）？"。

直播团队从这3个角度连续追问多次"为什么"，往往可以得出各自角度的结论。这些结论可能就是问题形成的根本原因。

（4）提炼经验。不难看出，"可控环节"及"半可控环节中可控的部分"，是直播团队可以在之后的工作中能够改进的部分，可以作为经验保存下来，并用来指导后续的直播工作。而对于"不可控"环节，由于直播团队无法预判结果，其相关结论在下次直播时可能就不会出现，因而就不具备指导意义，也就不能作为经验或方法。

可见，直播复盘的核心就是要从一场具体的直播中提炼出经验和方法，从而解决在直播工作中出现的一个问题甚至一类问题，来提升直播营销的成绩。

（5）编写文档。编写文档是将直播在复盘过程中发现的问题、原因，以及得出的经验和改善方法，以文字的形式固化下来，编写在册（表10-5）。

表10-5 复盘文档格式

（复盘主题）关于 ×× 时间 ×× 直播主题的复盘			
复盘直播场次		直播主题	
直播时间		复盘时间	
复盘会议参加人员			
回顾目标			
实际与目标对比			
描述过程			
分析原因	（与目标不一致的地方是什么？是什么原因造成的？如何改进？）		
提炼经验			
经验适用范围			

编写文档对直播团队的直播运营知识提升具有非常重要的作用。第一，编写文档可以为直播团队留下最真实、准确的记录，避免遗漏或遗忘；第二，编写文档将工作过程、工作经验变成具有一定逻辑结构的显性知识，可查阅、可传播，可以避免直播团队

在同样的知识上再次支付学习成本；第三，文档方便存储，也方便提取。直播团队可以在后续工作需要时，快速拿来借鉴使用，提升工作效率。

另外，文档还有利于直播团队进行对比学习。直播团队不断地将刚刚完成的直播与过去存储的经验文档进行对比，往往可以提升对事情本质的认识，甚至提炼出新的认识事物的方法。

2. 数据分析的基本步骤

直播团队进行数据分析有一套比较规范的操作步骤，即明确目标、采集数据、整理数据、分析数据及编制报告。直播团队需要遵循这个流程进行数据分析。

（1）明确目标。明确目标，即确定数据分析的目标。一般情况下，直播团队进行数据分析有以下 3 个目标：

1）查找问题。即寻找直播间数据上下波动的原因。

2）优化内容。通过数据分析寻找直播内容的优化方法，从而提升直播活动的营销效果。

3）优化运营。通过数据规律推测平台算法，从而提升直播间运营的效果。

（2）采集数据。对于当前的直播行业来说，直播团队可以通过直播平台的账号后台来采集数据。

各个直播平台的账号后台一般都会有直播数据统计，直播团队可以在直播过程中或直播结束后通过账号后台获得直播数据。

（3）整理数据。整理数据，即将采集的数据进行核对修正、整理加工，以方便后续的分析。通常，整理数据包括数据的核对修正和数据的统计计算两个方面的工作。

1）数据的核对修正。直播团队无论通过什么方式获取的数据，都可能出现失误，因此，在正式进行数据分析之前，需要先对数据进行核对。如果发现数据异常，需要综合各方面的数据进行修正，以保证数据的准确性、有效性和可参考性。

2）数据的统计计算。直播团队完成数据的核对修正后，即可进行数据的统计计算。数据的统计计算包括数据求和、平均数计算、比例计算、趋势分析等。为了提高工作效率，直播团队可以使用 Excel 的相关功能对数据进行统计计算。

（4）分析数据。直播团队对数据进行整理后，即可进入分析数据环节。目前，最常用的分析数据的方法是对比分析法和特殊事件分析法。

1）对比分析法。对比分析法是指将实际数据与基数数据进行对比，通过分析实际数据与基数数据之间的差异，了解实际数据及查找影响实际数据因素的一种分析方法。根据对比基数的不同，对比分析法可分为同比分析和环比分析。

2）特殊事件分析法。通过对比分析，直播团队往往可以找出异常数据。异常数据是指偏离平均值较大的数据，但不一定是表现差的数据。直播团队就需要采用特殊事件分析法来查找出现异常数据的原因。

（5）编制报告。数据分析的最终结果需要汇总成数据分析报告。由于直播团队在数据分析过程中使用大量的图、表，因此，一般采用 PPT 的形式来编制数据分析报告。数据分析报告一般可分为开篇、正文和结尾 3 个部分。其中，开篇由目录、前言组成；正文主要阐述观点和论证观点；结尾由结论和建议组成。

10.3.5 任务分组

表 10-6 学生任务分配表

10.3.6 自主探究

任务工作单 10-17

组号：_____ 姓名：_____ 学号：_____ 检索号：_____

引导问题 1：简述直播复盘的基本步骤。

引导问题 2：简述数据分析的基本步骤。

任务工作单 10-18

组号：_____ 姓名：_____ 学号：_____ 检索号：_____

学习任务书

学习情境	直播复盘及优化
任务描述	主题：淘宝主播直播复盘及优化。 目标： （1）能够编制数据分析报告； （2）能够优化带货商品、直播脚本及产品手卡
任务内容	（1）根据直播模拟的数据进行数据分析； （2）编制数据分析报告并以 PPT 形式展示； （3）优化带货商品、直播脚本及产品手卡

知识拓展：直播
复盘报告模板

10.3.7　合作研学

任务工作单 10-19

组号：_____　　姓名：_____　　学号：_____　　检索号：_____

引导问题：小组讨论，教师参与，确定任务工作单 10-17、任务工作单 10-18 的最优答案，并检讨自己存在的不足。

10.3.8　展示赏学

任务工作单 10-20

组号：_____　　姓名：_____　　学号：_____　　检索号：_____

引导问题：每组推荐一个小组长，进行汇报。根据汇报情况，再次评价自己的不足。

10.3.9　评价反馈

任务工作单 10-21　　任务工作单 10-22　　任务工作单 10-23　　任务工作单 10-24　　知识拓展：直播
个人自评表　　　　小组内互评验收表　　小组间互评表　　任务完成情况评价表　　复盘报告

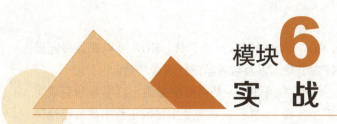

模块 **6**

实 战

项目 11　实战——小红书直播

任务 11.1　小红书直播

11.1.1　任务描述

熟悉小红书直播开播的各项操作要点，并完成一次小红书直播。

11.1.2　学习目标

1. 知识目标

（1）掌握小红书直播开播的基本操作。

（2）掌握小红书直播间的直播要点。

2. 能力目标

（1）能够完成小红书平台直播。

（2）能够制作小红书直播封面和直播标题文案。

3. 素养目标

（1）培养学生以人为本的理念。

（2）培养学生精益求精的工作作风。

11.1.3　重点难点

（1）重点：小红书直播开播的基本操作；直播间的直播要点。

（2）难点：完成小红书平台直播；制作小红书直播封面和直播标题文案。

11.1.4　相关知识链接

在小红书平台开通直播，博主需要做好一些必要的准备工作，包括直播场地、背景装饰、网络设置、灯光设置、摄像工具、耳麦设备、声卡设备、商品摆放及隔声装置等，这些都是搭建小红书专业带货直播间的基础元素。另外，掌握一些开播技巧，使自己的直播间能够吸引更多的粉丝用户，打造出火爆的小红书直播间。

1. 小红书开通直播权限要求

小红书直播是小红书社区中面向 KOL 推出的实时互动工具。KOL 可以在直播间进行生动有趣的购物分享、生活分享、好物带货，以及与粉丝进行亲密互动。

创作者在小红书中开通直播需要满足 3 个条件：一是需要主播的小红书账号完成实名认证；二是直播账号绑定的身份证需要年满 18 岁；三是需要主播的小红书账号已经绑定手机号码。

商家想要申请开通直播带货权限，首先需要开通企业号。当企业号满足相应条件后，方可申请开通直播。企业号申请开通直播的条件有三个：一是粉丝数量达到 500；二是有一定的活跃度，如在过去的 28 天中，有 15 天登录小红书 App；三是现阶段小红书直播只限定部分行业，如 3C 及电器、餐饮、生活服务、出行旅行、文化传媒、家具建材、教育培训、交通工具、工农业和通信。

2. 小红书直播开通操作流程

打开小红书个人账号，进入"创作中心"，打开"创作服务"下的"主播中心"，单击右侧红色标注"去开播"按钮，单击"去认证"按钮，输入个人实名认证信息，开启直播，如图 11-1 所示。

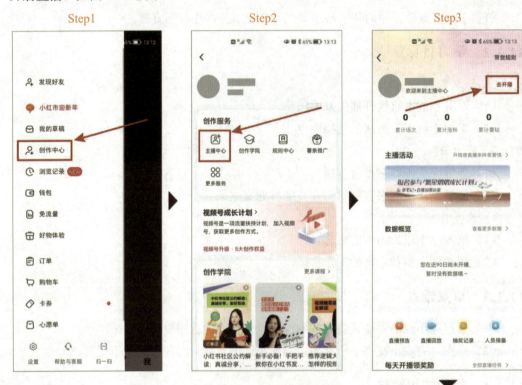

图 11-1　小红书直播开通操作流程

（软件版本：小红书 7.70.0）

| Step6 | Step5 | Step4 |

图 11-1　小红书直播开通操作流程（续）

（软件版本：小红书 7.70.0）

3. 小红书直播要点

小红书直播上架需要做好直播运营相关工作，如遵守小红书平台的直播规则，做好封面和标题的优化，以及把握好直播各阶段的细节事项等，让直播间获得更多的曝光率和流量。

（1）直播规则。遵守小红书平台的《小红书直播带货管理规则》，这项规则于 2022 年4 月 1 日正式生效。如果商家没有遵守相应直播规则，很可能面临封号的风险。

（2）视觉优化。商家在小红书平台上直播时，还需要对直播间进行一定的视觉优化处理，包括直播封面、直播标题、直播公告及主播妆容等细节，从而让直播间获得平台的推荐，赢得更多流量。

1）小红书直播封面。小红书直播封面通常包括主播人像图和带货商品图两种类型，不同类型有不同的质量标准。

对于歌舞娱乐类或专业技能类的主播来说，可以使用自己的人像图作为直播封面，具有打造个人 IP（Intellectual Property，知识产权）的作用（表 11-1）。

表 11-1　优质人像封面的相关标准

优质人像封面的相关标准	照片为主播本人，且人物的面部完整、清晰可见
	采用近景或中近景拍摄人物膝盖或腰部以上画面
	照片背景干净，构图合理，同时光线明亮、柔和

如果商家的直播目的不是打造个人 IP，而是想通过直播卖货来提高商品的销售量，那么可以选择商品图作为直播封面（表 11-2）。

表 11-2　优质商品封面的相关标准

优质商品封面的相关标准	封面能够将商品的用户痛点或使用场景展现出来
	能够展现商品的卖点或亮点，圈住精准的人群对象
	图片的画质清晰，同时构图、色彩与光线均合理

2）小红书直播封面标题。直播封面标题需要简单明了，让用户快速了解直播的是什么商品或内容；或者使用煽动性很强的标题，促使用户前往直播间购买商品。具体撰写方法参见前面文案撰写任务。

3）小红书直播公告。小红书直播公告拥有很多场景，商家可以自行策划其中的文案内容，方便在不同时间进入直播间的用户查看本场直播的重点信息。直播公告设置流程如图 11-2 所示。

图 11-2　小红书直播公告设置流程

4）小红书主播妆容。小红书主播妆容的基本原则是"简单大方，衣着整洁"。

4. 小红书主播

不同于其他电商平台的主播可能会经常跨品牌和类目进行带货，小红书则要求主播要深入了解自己所带的商品。商家在选择主播时，或者将自己打造成店铺主播是有一些基本要求的（表 11-3）。

表 11-3　小红书主播的基本要求

小红书主播的基本要求	主播是店铺的形象代言人，气质与店铺风格要契合
	店铺主播需要垂直化运营，深耕某个类目或品牌
	店铺要固定 2～3 个主播人选，不要随意频繁更换

5. 小红书直播开播操作

打开小红书，单击"+"按钮；在相册界面，单击"直播"按钮；在开始直播界面单击更多选项，可以直接设置直播封面、直播标题、直播时间等，勾选"开播即代表同意《小红书直播协议》和《直播规范》"，单击"开始视频直播"按钮；直播成功（图11-3）。

图 11-3　小红书直播流程
（软件版本：小红书 7.70.0）

11.1.5　任务分组

表 11-4　学生
任务分配表

11.1.6　自主探究

任务工作单 11-1

组号：_____　姓名：_____　学号：_____　检索号：_____

引导问题 1：简单描述小红书直播开播的基本操作。

引导问题 2：简述小红书直播间的直播要点。

任务工作单 11-2

组号：_____　姓名：_____　学号：_____　检索号：_____

引导问题：设计直播流程，并设计优化任务工作单 7-2 直播脚本的直播流程（表 11-5）。

表 11-5　直播脚本模块

直播主题			
直播目标			
时间			
地点			
平台			
直播硬件			
道具准备			
直播流程			
时间段	流程安排	人员分工		

11.1.7 合作研学

任务工作单 11-3

组号：_____ 姓名：_____ 学号：_____ 检索号：_____

引导问题：小组分工按照直播脚本进行小红书直播，教师协助指导，确定任务工作单 11-1、任务工作单 11-2 的最优答案，观看小红书直播回放并检讨自己的不足。

11.1.8 展示赏学

任务工作单 11-4

组号：_____ 姓名：_____ 学号：_____ 检索号：_____

引导问题：每组推荐一个小组长，进行汇报。根据汇报情况，再次评价自己的不足。

11.1.9 评价反馈

任务工作单 11-5　　　任务工作单 11-6　　　任务工作单 11-7　　　任务工作单 11-8
个人自评表　　　　　小组内互评验收表　　　小组间互评表　　　　任务完成情况评价表

任务 11.2 小红书直播复盘及优化

11.2.1 任务描述

经历一场小红书直播后，认真分析直播效果，完成直播的复盘及优化。

11.2.2 学习目标

1．知识目标
（1）掌握小红书直播复盘的 3 大指标的内涵。
（2）掌握提升小红书直播复盘的 3 大指标的方法。

2．能力目标
（1）能够进行基本数据分析。
（2）能够提出直播间优化方法。

3．素养目标
（1）培养学生团结协作和换位思考的能力。
（2）培养学生爱岗敬业的精神。

11.2.3 重点难点

（1）重点：小红书直播复盘的 3 大指标。
（2）难点：能够进行基本数据分析，提出直播间优化方法。

11.2.4 相关知识链接

在每次直播结束后，我们都要学会从复盘中找到数据不好的原因，然后才能在下一次直播中改进。

1．小红书直播复盘的指标
在小红书直播管理平台，直播复盘主要观察进房数据、互动数据和转化数据 3 个指标，如图 11-4 所示。
（1）进房数据（含封面转化率 / 实时流量来源）。
1）进房人数：进入直播间的用户人数。
2）实时流量来源：用户通过渠道进入直播间（如直播间上下滑、商品笔记、关注频道、发现频道、消息推送、搜索）。
①渠道 1：直播间上下滑。
②渠道 2：商品笔记。
③渠道 3：关注频道。
④渠道 4：发现频道。

图 11-4　小红书直播管理平台图例

直播间右上角显示的数据为直播间累计观看人次、直播间实时观看人数，在开播手机上进行查看。

3）提升进房人数的方法：

①通过直播间活动，快速吸引更多用户进入直播间（抽奖／免单／转发直播间等）。

②调动现有直播间粉丝，裂变直播间，让粉丝的好友进入直播间。

③以薯条推广／信息流广告付费的形式扩大流量池，让更多社区用户看到笔记后点击直播间。

④提升直播间权重（停留／互动／直播时长等）让直播在直播页排序提高，使更多用户看到。

⑤选取符合直播主题且美观度较高的封面作为直播间封面图，吸引用户进入。

（2）互动数据（互动在线人数）。互动数据是指直播间评论、直播间点赞、加入粉丝团、关注账号、购买等行为都计算在直播互动中。

1）互动率：直播间平均互动率为 2.5% ～ 3.5%。

2）人均观看时间：直播间平均观看时长为 2 ～ 4 分钟。

3）提升在线观众互动。

①形式 1：直播间抽奖留存。

②形式 2：直播贴片引导互动。

③形式 3：号店（专业号和店铺进行绑定）活动联动。

④形式 4：主播发券关注／口令。

⑤形式 5：直播间公告引导。

（3）转化数据。

1）商品转化核心因素：商品价位（是否与日常价格有差异）；商品性质（是否达到了用户购买的心理需求）。

2）提升数据转化：

①形式 1：直播间大额优惠券。

②形式 2：直播间商品满赠活动。

③形式 3：直播间限时秒杀。

④形式 4：商品短标突出需求。

⑤形式 5：主播专业讲解。

2．回看直播录像复盘

回忆式复盘很容易发生主播、运营和场控互相牵扯事件，一直解决不了问题。

比较好的复盘方式就是通过回看直播录像，结合实时数据变化，从团队配合、流量节奏、商品转化 3 个维度数据，综合判断"人—货—场"。

除要复盘问题外，还需要复盘成功的操作，通过"商品分段复盘度盘"功能，可以对比 AB 测试的转化效果。

同时结合直播录像，回放这两段商品讲解视频，找到造成转化率不同的原因，对高转化时段的讲解话术和节奏特点及时复盘总结，建立专属的引导话术，在之后的直播中复用。

11.2.5　任务分组

表 11-6　学生
任务分配表

11.2.6　自主探究

任务工作单 11-9

组号：_____　　姓名：_____　　学号：_____　　检索号：_____

学习任务书

学习情境	小红书直播复盘及优化
任务描述	主题：小红书主播直播复盘及优化 目标： （1）能够通过 3 个指标的数据分析编制数据分析报告； （2）能够优化带货商品、直播脚本及产品手卡
任务内容	（1）根据小红书直播的数据进行数据分析； （2）编制数据分析报告并以 PPT 形式展示； （3）优化带货商品、直播脚本及产品手卡

11.2.7 合作研学

组号：_____ 姓名：_____ 学号：_____ 检索号：_____

引导问题：小组讨论，教师参与，确定任务工作单 11–9 的最优答案，并检讨自己的不足。

11.2.8 展示赏学

任务工作单 11–11

组号：_____ 姓名：_____ 学号：_____ 检索号：_____

引导问题：每组推荐一个小组长，进行汇报。根据汇报情况，再次评价自己的不足。

11.2.9 评价反馈

任务工作单 11-12
个人自评表

任务工作单 11-13
小组内互评验收表

任务工作单 11-14
小组间互评表

任务工作单 11-15
任务完成情况评价表

项目 12　实战——淘宝直播

任务 12.1　淘宝直播

12.1.1　任务描述

熟悉淘宝直播的各项操作并在淘宝完成一次直播。

12.1.2　学习目标

1. 知识目标

（1）掌握淘宝直播开播的基本操作。

（2）掌握直播间的各类活动的设置方法。

2. 能力目标

（1）能够完成淘宝平台直播。

（2）能够制作直播封面和直播背景素材。

3. 素养目标

（1）培养学生以人为本的理念。

（2）培养学生精益求精的工作作风。

12.1.3　重点难点

（1）重点：淘宝直播开播的基本操作；直播间各类活动的设置方法。

（2）难点：能够完成淘宝平台直播；能够制作直播封面和直播背景素材。

12.1.4　相关知识链接

1. 淘宝直播开始前操作流程

第一步：找到直播设置界面。

（1）千牛入口：打开千牛操作平台，如图 12-1 所示。

（2）软件入口：淘宝直播主播工作台。

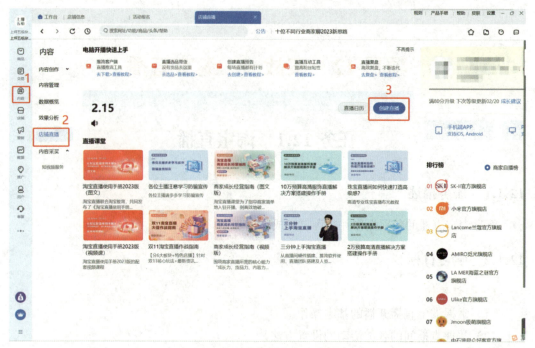

图 12-1　千牛操作平台截图

第二步：创建直播。

（1）如果是网页端，可直接设置直播封面、直播标题、直播时间、频道栏目等（无直播简介），如图 12-2 所示。

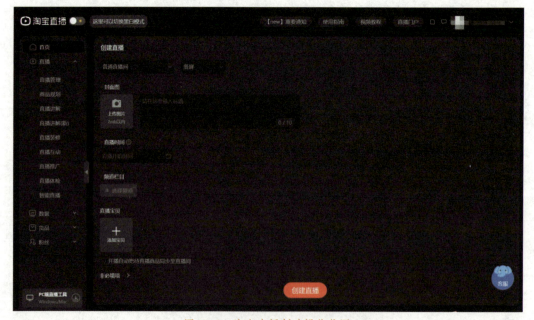

图 12-2　淘宝直播创建操作截图

（2）如果是软件端，单击"我要开播"按钮，跳转到淘宝直播软件（另一个软件）界面，单击"选择场次"按钮，设置直播封面、标题、直播简介、直播时间、频道栏目等（图12-3）。

图12-3　淘宝直播软件开始界面

此外，网页端还可以设置直播权益配置，如红包等。建议直接在网页端完成所有设置。

第三步：设置好开播时间后，最少有10分钟做其他准备，包括商品添加、次序调整、直播预告设置、互动小插件设置等（图12-4）。

图12-4　淘宝直播互动插件设置

第四步：添加商品，可设置利益点，如图 12-5 所示。

图 12-5 淘宝直播添加商品

2. 淘宝直播开播操作

淘宝直播开播操作，如图 12-6 所示。

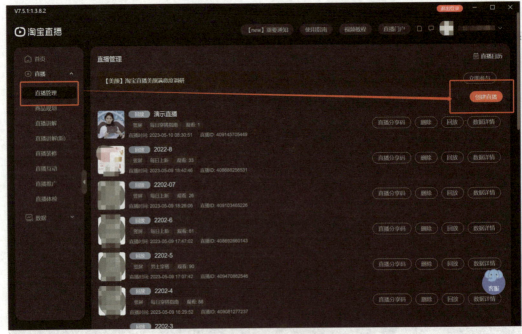

图 12-6 淘宝直播开播操作

选择显示地址；选择使用软件直播，还是使用网页直播（建议使用软件直播）。所有的设置在网页端完成，在软件端选择直播详情。

选择继续直播，即可开播。在此之前，互动中心所有的工具也可以设置，但是由于会花费时间，所以建议正式开播后，再进行设置。

淘宝直播互动中心全部工具包含优惠券＆红包、关注小卡、直播间公告、福利抽奖、粉丝推送、预告订阅、绿幕大屏、信息卡、官方信息卡、秒杀推送、秒杀设置、粉丝连麦、连麦PK、主播连麦、添加音乐、互动道具、禁言用户、屏蔽关键词、表情评论、快捷录屏。

12.1.5　任务分组

表 12-1　学生
任务分配表

12.1.6　自主探究

任务工作单 12-1

组号：_____　姓名：_____　学号：_____　检索号：_____

引导问题 1：简单描述淘宝开播的两条路径。

引导问题 2：简述直播商品添加的操作路径。

组号：_____ 姓名：_____ 学号：_____ 检索号：_____

引导问题：设计直播流程，并设计优化任务工作单 7-2 直播脚本的直播流程（表 12-2）。

表 12-2　直播脚本模板

直播主题			
直播目标			
时间			
地点			
平台			
直播硬件			
道具准备			
直播流程			
时间段	流程安排	人员分工	

12.1.7　合作研学

组号：_____ 姓名：_____ 学号：_____ 检索号：_____

引导问题：小组分工按照直播脚本进行淘宝直播，教师协助指导，确定任务工作单 12-1、任务工作单 12-2 的最优答案，观看淘宝直播回放并检讨自己的不足。

12.1.8　展示赏学

任务工作单 12-4

组号：_____　姓名：_____　学号：_____　检索号：_____

引导问题：每组推荐一个小组长，进行汇报。根据汇报情况，再次评价自己的不足。

12.1.9　评价反馈

任务工作单 12-5　任务工作单 12-6　任务工作单 12-7　任务工作单 12-8
个人自评表　　小组内互评验收表　小组间互评表　任务完成情况评价表

任务 12.2　淘宝直播复盘及优化

12.2.1　任务描述

观看自己小组的直播回放及数据大盘，与小组成员完成一场淘宝直播的复盘及优化（图 12-7）。

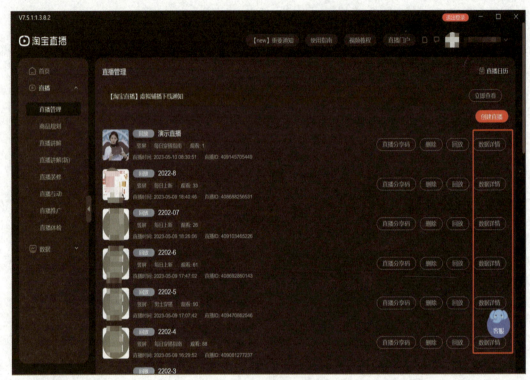

图 12-7　淘宝直播数据详情

12.2.2　学习目标

1. 知识目标

（1）掌握数据详情界面的四个模块。

（2）掌握数据总览的三个维度。

2. 能力目标

（1）能够通过四个模块的数据分析编制数据分析报告。

（2）能够优化带货商品、直播脚本及产品手卡。

3. 素养目标

（1）培养学生的美学意识。

（2）培养学生的创新精神和敬业精神。

12.2.3　重点难点

（1）重点：数据详情界面的四个模块；数据总览的三个维度。

（2）难点：通过四个模块的数据分析编制数据分析报告；优化带货商品、直播脚本及产品手卡。

12.2.4　相关知识链接

数据详情的界面由数据总览、实时趋势、流量运营和商品分析四个大模块组成。

1. 数据总览

数据总览部分是对正常直播的最终结果进行数据上的反馈。其维度可分为访问维度、转化维度、成交维度三块（图 12-8）。

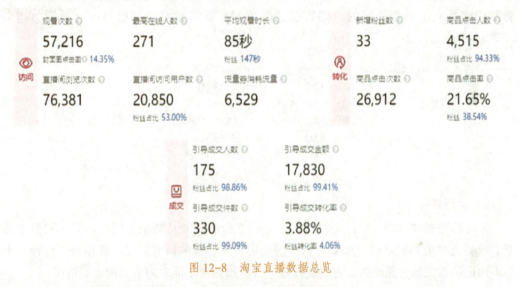

图 12-8　淘宝直播数据总览

（1）访问维度。访问维度中包含以下几个关键指标：

1）观看次数：指的是用户进入直播间的累计观看次数。

2）直播间浏览次数：直播间页面累计浏览次数（包含用户从详情页等返回直播间的次数）。

3）直播间访问用户数：直播间页面累计访问用户数（去重统计）。

4）平均观看时长：用户观看的人均时长。

5）流量券消耗流量：通过消耗流量券获得的直播间流量，按照浏览次数统计。

在这几个指标中，商家应该重点关注的是直播间访问用户数和平均观看时长。访问用户数可以明确商家的一场直播可以获取多少 UV，方便后期核算更多有价值的数据。这项数据越高说明直播间获取访客流量的能力越强；平均观看时长反映直播的内容优质程度，可以把它理解为商品详情页的页面浏览时长，这个指标越大，转化或转粉的概率也就越高。

（2）转化维度。新增粉丝数、商品点击人数、商品点击次数三个指标都好理解，这里重点讲解商品点击率这个指标，它代表的是商品点击人数 / 直播间访问用户数量，也就是到直播间的人数是愿意点击购物车对商品进行了解的，所以，这个指标自然是越高越好（图12-9）。

图12-9　转化维度指标

（3）成交维度。引导成交人数、引导成交金额和引导成交件数都是指一场直播中引导的成交单量。引导成交转化率是引导成交人数 / 直播间商品点击人数。道理与前面的商品点击率是相同的，即数值越高越好。数值越高说明引导成交的能力越强（图12-10）。

图12-10　成交维度指标

2. 实时趋势

实时趋势模块（图12-11）的数据维度和上面的数据总览是相同的，只不过数据总览看的是最终结果的数据，而实时趋势则是把正常直播的所有情况，都用每5分钟一个节点的记录形式形成曲线图，方便观察每个数据指标在不同时间节点的走势情况。

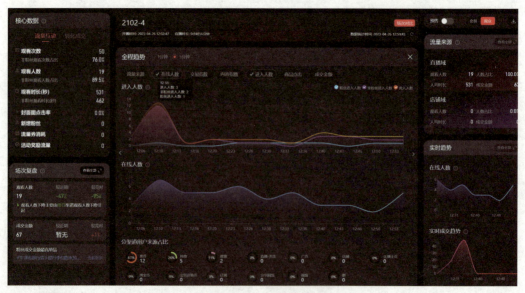

图12-11　实时趋势模块

3. 流量运营

流量运营模块（图12-12）显示的是实时的流量趋势，可以结合正在直播商品内容追踪每时每刻的直播数据波动，分析目前直播间流量，或者这个商品的流量主要来自哪个渠道，以便调整商家的直播流量策略。其操作方法也是将鼠标移动到对应节点即可看到当时所产生的数据（图12-13）。

图12-12　流量运营模块

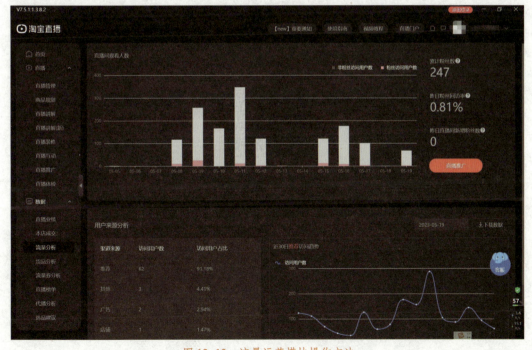

图12-13　流量运营模块操作方法

4．商品分析

商品分析主要是展示直播间所有商品的独立点击和成交情况，可以从点击次数和人数中找到直播间最受粉丝欢迎的商品进行主推，也可以从这些数据中发现问题。

如图 12-14 所示，商品 3 的点击次数有 1 006 人次，但是最终引导成交件数只有2 件，这说明看的人多买的人少，有可能是 SKU 设置有问题或价格设置不合理。

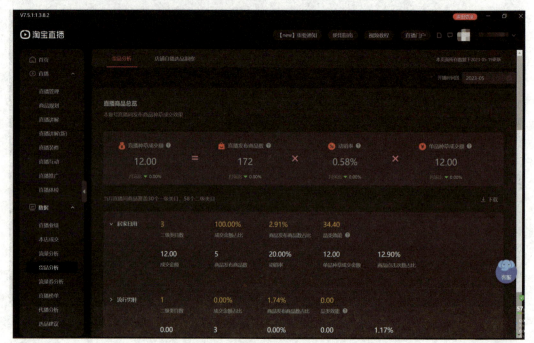

图 12-14　商品分析

12.2.5　任务分组

表 12-3　学生
任务分配表

12.2.6　自主探究

任务工作单 12-9

组号：_____　姓名：_____　学号：_____　检索号：_____

学习任务书

学习情境	直播复盘及优化
任务描述	主题：淘宝主播直播复盘及优化。 目标： （1）能够通过四个模块的数据分析编制数据分析报告； （2）能够优化带货商品、直播脚本及产品手卡
任务内容	（1）根据淘宝直播的数据进行数据分析； （2）编制数据分析报告并以 PPT 形式展示； （3）优化带货商品、直播脚本及产品手卡

12.2.7　合作研学

任务工作单 12-10

组号：_____　姓名：_____　学号：_____　检索号：_____

引导问题：小组讨论，教师参与，确定任务工作单 12-9 的最优答案，并检讨自己的不足。

12.2.8　展示赏学

任务工作单 12-11

组号：_____　姓名：_____　学号：_____　检索号：_____

引导问题：每组推荐一个小组长，进行汇报。根据汇报情况，再次评价自己的不足。

12.2.9　评价反馈

任务工作单 12-12
个人自评表

任务工作单 12-13
小组内互评验收表

任务工作单 12-14
小组间互评表

任务工作单 12-15
任务完成情况评价表

项目 13　实战——抖音直播

任务 13.1　抖音直播

13.1.1　任务描述

完成一场抖音直播（图 13-1）。

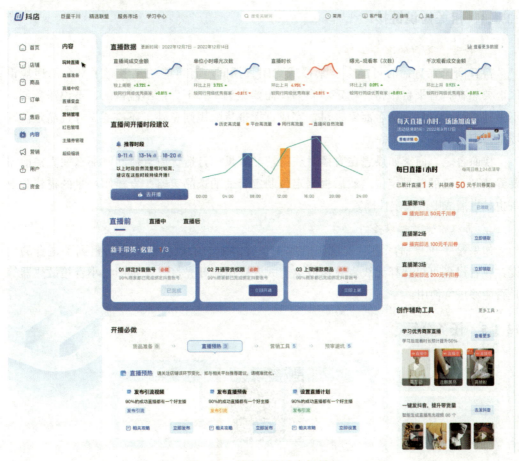

图 13-1　抖店电脑端直播界面

13.1.2　学习目标

1. 知识目标

（1）掌握抖音直播的手机端入口。

（2）掌握抖音直播的电脑端入口。

2．能力目标

（1）能够完成抖音直播的准备工作。

（2）能够按照所学完成一场直播。

3．素养目标

（1）培养学生的互联网意识。

（2）培养学生精益求精的工作作风。

13.1.3 重点难点

（1）重点：抖音直播操作准备工作；抖音直播过程的操作方法。

（2）难点：完成一场抖音直播；完成并优化直播环节。

13.1.4 相关知识链接

1．抖音直播前的准备工作

抖音商家在直播时可能会被禁播或封闭直播间，有可能就是触碰了平台的违规雷区，要想在抖音平台中持续稳定地直播，需要做到"三不"：不碰雷区、不说违禁词、不做违规行为。对于新手商家来讲，完成直播带货除规则意外，还需要做好选品定位、场景搭配、设备完善准备。

换而言之，商家如果想在直播时获得精准流量，打造优质直播间，那么在直播前需要弄清楚自己的账号定位，然后根据定位制定合适的选品策略；直播间场景的搭建和设备也是直播成败的决定性因素。

2．再次检查直播设备

如果是手机直播，请检查设备摄像头是否清晰，手机支架是否调整到了适合的角度，收音设备可以选择无线麦克风或电容式麦克风，补光灯、背景图、小音箱散热器等是否能够正常使用。

13.1.5 任务分组

表 13-1 学生
任务分配表

13.1.6　自主探究

组号：_____　姓名：_____　学号：_____　检索号：_____

引导问题 1：抖音直播前需要做哪些准备？

引导问题 2：说明抖音直播的网页入口寻找路径。

任务工作单 13-2

组号：_____　姓名：_____　学号：_____　检索号：_____

引导问题 1：根据所学，设计直播间的开场和结束阶段话术。

引导问题 2：填写本场直播的流程和分工安排（表 13-2）。

表 13-2　直播流程

直播流程				
时间段	流程安排	人员分工		

13.1.7　合作研学

任务工作单 13-3

组号：＿＿＿＿＿　姓名：＿＿＿＿＿　学号：＿＿＿＿＿　检索号：＿＿＿＿＿

引导问题：小组讨论，教师参与，确定任务工作单 13-1、任务工作单 13-2 的最优答案，并检讨自己的不足。

13.1.8　展示赏学

任务工作单 13-4

组号：＿＿＿＿＿　姓名：＿＿＿＿＿　学号：＿＿＿＿＿　检索号：＿＿＿＿＿

引导问题：每组推荐一个小组长，进行汇报。根据汇报情况，再次评价自己的不足。

13.1.9 评价反馈

任务工作单 13-5
个人自评表

任务工作单 13-6
小组内互评验收表

任务工作单 13-7
小组间互评表

任务工作单 13-8
任务完成情况评价表

任务 13.2　抖音直播复盘及优化

13.2.1　任务描述

经历一场直播后，认真分析直播效果，完成直播的复盘及优化（图 13-2）。

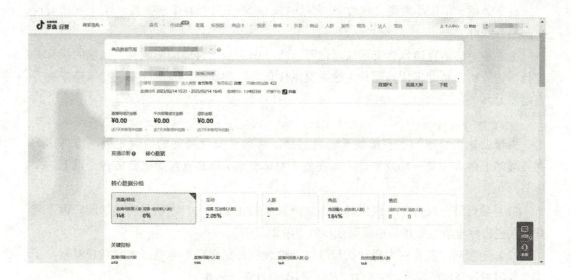

图 13-2　抖店核心数据展示界面

13.2.2　学习目标

1. 知识目标

（1）了解直播诊断的意义。

（2）掌握直播核心数据。

2. 能力目标

（1）能够找到数据分析的界面。

（2）能够进行基本数据分析。

3．素养目标

（1）培养学生团结协作和换位思考的能力。

（2）培养学生爱岗敬业的精神。

13.2.3　重点难点

（1）重点：直播诊断的意义；直播核心数据。

（2）难点：根据直播数据优化直播。

13.2.4　相关知识链接

1．直播间诊断的定义

直播间诊断是指将直播间整体成交结算表现拆解为单位小时曝光次数、直播时长、曝光－观看率（次数）、千次观看成交金额4个维度，帮助达人在单场直播复盘时，快速定位该场直播在行业中所处水平、优劣势及自动诊断归因问题的数据功能。直播间黄金公式如下：

成交金额＝单位小时曝光次数 × 直播时长 × 曝光－观看率（次数）× 千次观看成交金额/1 000

主要基于整场直播自然流量问题进行诊断，识别当前直播间影响自然流量的指标并进行下钻分析，精准定位问题并为达人提供优化方向和建议，及时制定优化策略来提升直播能力。

2．直播诊断价值

为帮助达人快速洞察直播场景经营问题，明确自身直播间的经营短板，提高达人在直播间上的人—货—场调整能力，我们将整体复盘/诊断直播间思路梳理为以下三个环节：

（1）看得清：我为什么没做起来，量级长期低还波动大？本质是明确诊断归因，究竟是某些指标竞争力低还是违规限流导致"没做起来"。

（2）知方向：我处在大盘什么层级，能放大到什么量级？本质是大盘跃迁洞察，了解大盘和同行高层的现状，并以此为标杆明确自身跃迁短板。

（3）能提升：明确影响因子和优化目标线后，怎么优化？本质是实操策略探索，给到能提升流量的实操动作，使明确方向后有可落地动作。

1）将流量问题与需要重点经营指标结合：明确流量波动背后，是哪些重点经营指标波动导致。

2）将需要重点经营指标与直播实操结合：从重点经营指标到直播画面，明确C端用户进入直播间后，看到画面差异导致用户体感差异，带来的最终直播间经营指标差异，从而影响流量分发。

13.2.5　任务分组

表 13-3　学生
任务分配表

13.2.6　自主探究

任务工作单 13-9

组号：_____　姓名：_____　学号：_____　检索号：_____

引导问题 1： 简述直播诊断的定义。

引导问题 2： 复习核心数据的类型。

任务工作单 13-10

组号：_____　姓名：_____　学号：_____　检索号：_____

学习任务书

学习情境	直播复盘
任务描述	主题：抖音直播复盘； 目标：针对直播数据进行复盘分析
任务内容	（1）可根据任务工作单 2-14 的分工进行直播分工； （2）打开直播数据分析界面； （3）明确核心数据含义； （4）针对直播数据结果展开讨论； （5）分析直播可以优化的内容； （6）形成直播优化方案

13.2.7　合作研学

任务工作单 13-11

组号：_____　姓名：_____　学号：_____　检索号：_____

引导问题：小组讨论，教师参与，确定任务工作单 13-9、任务工作单 13-10 的最优答案，并检讨自己的不足。

13.2.8　展示赏学

任务工作单 13-12

组号：_____　姓名：_____　学号：_____　检索号：_____

引导问题：每组推荐一个小组长，进行汇报。根据汇报情况，再次评价自己的不足。

13.2.9　评价反馈

任务工作单 13-13
个人自评表

任务工作单 13-14
小组内互评验收表

任务工作单 13-15
小组间互评表

任务工作单 13-16
任务完成情况评价表

参 考 文 献

[1] 陈浩. 电商直播营销原理与方法 [M]. 北京：中国广播影视出版社，2021.

[2] 人力资源社会保障部教材办公室. 电商直播 [M]. 北京：中国劳动社会保障出版社，2020.

[3] 熊友君. 直播电商带货王修炼真经 [M]. 北京：中国广播影视出版社，2021.

[4] 刘东明. 直播电商全攻略 [M]. 北京：人民邮电出版社，2020.

[5] 余以胜，林喜德，邓顺国. 直播电商：理论、案例与实训 [M]. 北京：人民邮电出版社，2021.

[6] 刘东风，王红梅. 直播销售与主播素养 [M]. 北京：人民邮电出版社，2021.

[7] 陈浩，苏凡博. 实战抖音电商：30天打造爆款直播间 [M]. 北京：机械工业出版社，2022.

[8] ［美］加里·P. 施奈德（Gary P. Schneider）. 电子商务 [M]. 张俊梅，袁勤俭，杨欣悦，译. 北京：机械工业出版社，2020.

[9] IMS（天下秀）新媒体商业集团. 直播电商法律法规解析 [M]. 北京：清华大学出版社，2022.

[10] IMS（天下秀）新媒体商业集团. 新媒体用户行为与心理 [M]. 北京：清华大学出版社，2022.

[11] IMS（天下秀）新媒体商业集团. 新媒体舆情监测与管理 [M]. 北京：清华大学出版社，2022.

[12] IMS（天下秀）新媒体商业集团. 新媒体主播定位与管理 [M]. 北京：清华大学出版社，2022.

[13] 法律出版社法规中心. 中华人民共和国电子商务法注释本[M]. 北京：法律出版社，2021.

[14] 张雪存. 直播电商数据分析与应用 [M]. 北京：电子工业出版社，2023.

[15] 林莉，张昌元，杜鹏. 农村电商直播实战教程 [M]. 北京：北京大学出版社，2023.

[16] 唐妍，郭芳. 直播运营管理 [M]. 北京：中国商务出版社，2022.